자기만의 트랙

자기만의 트랙

2023년 1월 20일 초판 1쇄 발행
2023년 5월 15일 초판 2쇄 발행

지은이   김나이

펴낸이   김은경
책임편집   이은규
편집   권정희
마케팅   박선영
디자인   황주미
경영지원   이연정

펴낸곳   (주)북스톤
주소   서울특별시 성동구 성수이로20길 3, 6층 602호
대표전화   02-6463-7000
팩스   02-6499-1706
이메일   info@book-stone.co.kr
출판등록   2015년 1월 2일 제2018-000078호

ISBN   979-11-91211-96-2 (03190)

북스톤은 세상에 오래 남는 책을 만들고자 합니다. 이에 동참을 원하는 독자 여러
분의 아이디어와 원고를 기다리고 있습니다. 책으로 엮기를 원하는 기획이나 원
고가 있으신 분은 연락처와 함께 이 메일 info@book-stone.co.kr로 보내주세요.
돌에 새기듯, 오래 남는 지혜를 전하는 데 힘쓰겠습니다.

자기만의
트랙

개인, 회사, 시장을 넘나드는
새 시대의 일 전략서

커리어 액셀러레이터
김나이 지음

북스톤

목차

PART 5. 도전 : 내 일은 시장에서도
영향력이 있을까

"우리를 움직이는 건 질문이지."

영화 〈매트릭스〉 중에서

지금 이직하면 도망치는 걸까

지금까지 해온 일이 물경력이면 어쩌지

때론 번아웃에 빠지더라도 어떻게 잘 헤어 나올 수 있을까

내 일에서 좀 더 의미를 찾을 순 없을까

나를 위해 지속 가능하게 일하는 방법은 무엇일까

해가 갈수록 나는 성장하고 있는 걸까

동료가 복지라는데 함께 성장하려면 어떻게 해야 할까

나 이대로 괜찮을까

내가 가는 이 길이 나의 길인가

이 길의 끝에는 무엇이 있을까

나만의 실력, 나만의 전문성을 가지려면 어떻게 해야 할까

일하는 사람이라면 질문을 갖고 있기 마련입니다. 커리어 액셀러레이터로 일하면서 일대일로 4,000여 명, 크고 작은 세미나에서, 스타트업부터 대기업, 외국계 기업까지 많은 곳에서 다양한 직무로 일하는 수십만 명의 사람들을 만났습니다. 직장 생활 3년차~10년차인 사람들이 가장 많고, 10년차~15년차와 3년차 미만인 사람들의 비중은 우열을 가리기 힘듭니다. 연령대로는 20대 초중반~30대 후반까지가 95퍼센트 이상이겠네요. 모두 합치면 적어도 수십만 명 이상이 각자의 일 고민을 갖고 저를 찾아왔으니, 일하는 사람 모두가 질문을 갖고 있다는 게 틀린 말은 아니겠지요.

수많은 사람들을 만나면서, 해가 지날수록 더 많은 사람들이 찾아오는 것을 보면서 복잡한 마음이 들 때도 있습니다. 각기 다른 고민은 결국 나다운 일, 성장, 전문성, 지속가능성으로 요약할 수 있거든요. 연령, 업종, 연차에 상관없이 모두가 저 범주에서 고민을 거듭합니다. 물론 각자 처한 상황과 맥락이 달라서 똑같다고도 할 수 없고, 해결법도 다르지요. 하지만 점점 더 많은 사람에게 일 고민이 생기고, 오죽 답답하면 외부 사람이자 생전 처음 보는 저를 찾아오시나 하고 생각할 때가 있습니다.

그래서 개인과 조직이 '왜' 그 어느 때보다 '커리어'에 관심을 기울이는지, 그 핵심은 무엇일지, 근본적인 원인들을 짚어봤습니다. '왜' 이런 변화가 시작되었는지, 어떤 행동들이 '왜' 필요한지, '왜' 지금인지 납득할 수 있어야 제대로 실행할 수 있을 테니까요. '이젠 변하지 않으면 안 되는 시간이 왔다'는 냉정한 현실을 파트 1에서 자세히 이야기하겠습니다.

커리어 액셀러레이터로서 스스로에게 질문하기도 합니다. 일에 대해 이야기하는 책, 모임, 콘텐츠도 많아졌는데, 일하는 우리가 조금이라도 행복해졌는가 하고요. 한탄만 하고 있었던 것은 아닌지, 작년에도, 올해도 변한 게 없는 건 아닌지, 내년에도 그러면 어쩌지 불안해지기도 합니다. 커리어 액셀러레이터로서 제 일을 제대로 하고 있는지, 질문이 틀린 것은 아닌지, 질문만 한 것은 아닌지, 지금까지와는 다른 변화가 필요한 것은 아닌지, 저도 일 고민을 하는 셈이죠.

일 고민 해결에 효과가 있었던 제 인사이트와 더불어, 각자의 답을 스스로 꺼내볼 수 있는 질문을 많이 하려 합니다. 사실, 커리어나 일과 관련된 각자의 답은 이미 갖고 있을 겁니다. 다만 그 답들이 서로 엉켜 있을 수도, 마음도 의지도 있지만 현실적인 상황들이 복잡할 수도, 반대로 머리로는 알지만 마음이 따라주지 않을 수도 있겠죠. 이 책의 질문들은 마음과 머리, 이상과 현실을 이을 수 있도록 구성했습니다. 중요하지만 막연하고 어렵게 느끼는 큰 질문과 이를 차근히 풀어갈 구체적인 질문들을 더 했습니다. 나 자신, 내가 일하는 환경, 내가 일을 잘할 수 있는 환경, 현재 환경의 문제를 제대로 마주하고, 구체적으로 어떻게 행동해야 할지 초점을 맞추고 빠르게 실행할 수 있도록 고심한 질문들입니다. 내가 지금 어디에 서 있는지, 어디로 가려는지 출발지와 목적지를 제대로 정하지 못한 채 무작정 경로 탐색만 하지 않도록, 둥둥 떠다니며 손에 잡히지 않는 좋은 말 대잔치보다 방향성을 설정하고 달려갈 수 있도록, 구체적이고 현실적인 하우투도 전합니다.

커리어 액셀러레이터로 일하기 전에는 자본 시장에서 일했는데요, 마지막 직장은 제이피모건(J.P.Morgan)이라는 글로벌 투자은행이었습니다. 기업의 이미지나 겉모습의 이면, 기업 안팎의 흥망성쇠, 시장 내 기업의 위상 등 기업의 진짜 가치와 지속 가능성을 살피는 훈련을 많이 했습니다. 그 경험을 바탕으로 이 책에서 회사 이야기를 많이 했습니다. 이후 일 고민을 하고 계신 수많은 분들을 마주하면서, 한편으로는 문제를 제대로 정의하고 제대로 해결해야만 살아남을 수 있는 조직의 CSO로도 일하면서 '환경'의 중요성을 또 한 번 여실히 깨닫고 있습니다. 지금은 개인이 아무리 훌륭해도 조직(환경)이 제대로 돌아가지 않으면,

회사가 아무리 크고 자본이 많아도 조직 내 개인이 안주한다면, 성장에 한계가 있음을, 커리어 코칭을 하며 여실히 느꼈기 때문입니다.

사람은 환경의 지배를 받는 동물이니 일하는 환경이 달라지지 않으면 지속 가능한 변화를 만들어내기 어렵습니다. 일 고민을 토로하는 사람일수록 남 탓, 환경 탓하기보다 내 탓할 가능성이 더 높지만, 그럴 필요는 없어요. 나 자신을 향했던 시선을 돌려 나를 둘러싼 일하는 환경이 어떤 상태인지 객관적으로 살펴보는 것이 더 필요합니다. 조직이라면, 리더라면 질문 속 '나'를 '우리 회사'로 바꿔 살펴봤으면 좋겠습니다. 다른 회사가 어떻게 했는지 보고 빨리 따라가는 패스트 팔로워(Fast Follower) 전략이 더 이상 작동하지 않는 시대에, 어떤 자원을 갖고 있으며 무엇을 잘할 수 있는지 정확히 파악해 우리 회사만 할 수 있는 것은 무엇인지 전략적으로 접근해야 합니다. 그 출발점은 우리 조직 구성원 개개인의 강점, 역량에 관심을 갖고 그것을 개발하는 것부터고요. 무작정 버티기보다, XX 회사에 다니는 A 말고, A가 다니는 회사 XX가 될 수 있도록 같이, 빨리, 제대로 성장하는 노하우도 놓치지 않길 바랍니다.

이쯤되면 눈치채셨으려나요. 제가 일에서 중요하게 생각하는 것은 실행과 변화입니다. 일하는 사람들이 잘 지내셨으면 좋겠어요. 잘 지낼 수 있도록 변화를 주어야 할 것에는 변화를 주고, 작은 것이라도 실행하시면 좋겠습니다. 일하면서 떠오르는 질문을 그냥 흘려보내지 말고 자신의 답을 이야기해주었으면 합니다. 대답 대신 또 다른 질문이 이어질 수도 있고, 아무리 머리를 굴려봐도 그럴싸한 대답은커녕 '그냥' '내가 그러고 싶다는데, 뭐 어쩌라고'도 괜찮습니다. 대신 그 전과 후가 달라져야 합니다. 물리적으로든 심리적으로든요.

커리어 액셀러레이터라는 일을 창직할 때 여러 번 읽었던 책 중 하나인 《제로 투 원》을 최근 다시 꺼냈습니다. 저자 피터 틸(Peter Thiel)은 시장에서 경쟁하지 말고 독점하라는 메시지를 강조해요. 남들도 다 하는 시장에서 피터지게 경쟁하지 말고, 당신만 할 수 있는 것을 찾아 그 영역을 확실하게 구축하라는 이야기죠. 회사에서 일하든, 언젠가 회사를 떠나 나의 일을 하든 나만의 길을 고민하고 실행하는 것은 중요합니다. 따박따박 월급이 나오고, 안전한 울타리에서 많은 것을 누리는 평온함이 언제까지 계속될지 모르지요. 지금은 무너지지 않길, 나에게 닥칠 일은 아니길 바라며 에너지를 쏟는 대신 이번만큼은 실행하고 변해보길 바랍니다.

'이거 해서 돈이 되는 것도 아니고'라는 생각보다 '이렇게 하다 보면 언젠가 다 이어지는 지점이 있겠지'라며 자신만의 길을 향한 시도와 실행, 잽을 계속 날려보세요. 저는 일 고민을 너무 많이 하는 것도 좋지 않다고 생각합니다. 제 책을 읽고, 제 세미나에 참석하는 것은 너무 감사한 일이지만, 한 해에 한두 번으로도 충분합니다. 그보다 중요한 것은 '실행'입니다. '얼마나 더 빨리 많이 실행해보는가'가 핵심입니다. 고민하는 시간에, 고민하는 것들을 그냥 실행해보세요. 할까 말까 싶을 때는 나에게 무엇이 득이 될까 너무 재고 따지지 말고 일단 한번 해보세요. 직접 몸으로 부딪히고 현장을 관찰하며 탐색보세요. 실행으로 쌓는 일 근육과 일 경험은 검색이나 계획보다 훨씬 더 가치 있는 일 자산이 됩니다. 더 많은 기회를 불러와요. 예상하지 못한 방향으로 일이 확장될 수도 있습니다. 인생은 길고, 우리는 필연적으로 계속 일하겠지만 그 와중에 좀 더 신나게 일할 수 있을 겁니다.

지금, 시작하세요.
계속, 움직이세요.

저도 옆에서 같이 뛸게요.

PART

1

현실 :
이젠 머뭇거릴
시간이 없다

열심 대 적당히, 개인 대 회사, 성장 대 안정.
수만 가지 경우의 수 앞에서 갈팡질팡,
고민하기 싫을 때도 많지만, 이젠 머뭇거릴
시간이 없습니다. 시대적 배경, 일하는 방식의
변화, 개인의 욕망과 결핍까지, 세 요소들의
삼각 함수를 자세히 뜯어보면 알 수 있습니다.
이제 더 이상 예전의 방식은 통하지 않는다고,
나만의 답을 끌어낼 수 있는 질문에
이젠 꼭 답해야 한다고 말입니다.

성장, 의미, 재미, 인간관계, 워라밸, 돈 중 현재 나에게 우리 회사에 중요한 것은 무엇인가요?

☐ 나는 일에서 무엇을 중요하게 생각하는 사람인가요? **성장, 의미, 재미, 인간관계, 돈, 워라밸** 중 두 가지만 택해 그 이유를 적어보세요.

☐ 지금 내게 주어진 그 두 가지에 점수를(5점 만점) 매겨볼까요. 왜 그 점수를 주었나요?

☐ 내가 중요하게 생각하는 그 두 가지를 각각 어떻게 정의하고 있나요? 예를 들어, 성장과 의미를 택했다면 나에게 성장은 무엇이고 의미는 무엇이라 정의하나요?

☐ 나는 이 회사에서, 우리 회사는 시장에서 인정받고 있나요?

☐ 나에게는, 우리 회사에는 성장과 보람의 기회가 있나요?

☐ 이 회사에서 일의 의미를 찾을 수 있나요?

☐ 3년 후에도 이 회사가 있을까요?

☐ 3년 후에도 이 회사에 다니고 있을까요?

☐ 3년 후 이 회사에서 무엇을 하고 있을까요?

열심 vs. 적당히,
고민 말고 결심해야 한다

직장 생활 10년차 이하에 해당하는 사람이라면, 취업할 당시를 떠올려봅시다. 가고 싶은 일터에 한 번에 가서 내가 하고 싶은 일을 했나요? 그럴 수 있었다면 참 다행이고 한편으로는 능력자일 텐데요. 사실 이런 경우는 5퍼센트도 되지 않을 거라고 생각합니다. 최근에 졸업한 사람일수록 취업이 더 어려운 게 현실이죠. 실제로, 얼마 전 한 기업의 신입 사원 교육을 갔다가 깜짝 놀랐습니다. 교육 참석자의 70퍼센트가 다른 회사에서 경력을 쌓고 들어온 '중고 신입'이었거든요. 기업은 경력직 같은 신입을 원하니 졸업을 미루는 것은 당연하고, 어디서든 1년에서 3년 정도 경력부터 쌓습니다. 우리나라를 비롯한 대부분의 나라가 저성장 단계에 진입하면서 많은 기업이 비용과 채용을 줄이고 구조 조정을 하는 터라, 기업에서 일하는 개인도 만만치 않은 상황을 지나고 있는 것이죠.

"지금까지 경제가 좋았던 적이 없잖아요. 회사가 더 이상 나의 보호막이 될 수 없고 나의 시장 가치를 생각해야 하는데, '세상은 계속 진화하고 변화하는데 나는 잘하고 있는 걸까, 이 회사에 계속 다녀도 될까' 걱정될 때가 많습니다."

"이 회사에서의 1년 후, 혹은 3년 후가 전혀 기대되지 않아요. 더 늦기 전에 저의 전문성을 살리고 진짜 실력을 갖추고 싶은데, 이 회사에서 계속 일하면 1년 후 제가 성장했을지 잘 그려지지 않아 이직을 고민하게 됩니다."

"대개 결과는 정해져 있고 그것을 위해 명분을 만드는 느낌이 강하게 듭니다. 납득되지 않지만 그냥 해야 하는 상황도 발생하고요. 이렇다 보니 업무를 통한 성장이나 성취감을 느끼기 어렵습니다. 시장에서 치열하게 일하는 친구들을 보면 제 실력은 외려 퇴행하는 것 같습니다."

저성장이 일상이다 보니 반대로 성장을 향한 개인의 마음은 조급해집니다. 어떻게 해야 더 빨리 성장하고 더 많은 돈을 벌 수 있을지 마음은 급한데, 팬데믹으로 인해 확 달라진 세상에 우리 회사는 적응하지 못하는 것 같으니 개인의 불안이 한층 더 심해지죠. 실제로 국내 유통 대기업에서 일하는 A는 온라인화에 적극적이지 않은 이 회사를 계속 다녀도 될지 고민했고, 화장품을 마케팅하는 B 역시 세상은 빠르게 바뀌는데 기존대로 중국 소비자를 대상으로 가격 덤핑을 고수하다 방향을 잃고 헤매는 회사의 정책에 의문을 품기도 했습니다. 많은 이들이 '열정'이 없어 퇴사와 이직을 생각하는 것이 아니라, 자신의 실력을 뾰족하게 만들 수 없는 회사에서 버티는 것에 의미를 찾을 수 없기 때문에 헤어질 결심을 하는 것입니다.

한편, 같은 이유로 정반대의 선택을 하는 사람도 있습니다. 세상이 어떻게 달라질지 모르니, 나의 일터가 언제 어떻게 무너질지 모르니, 어떻게든 안정적인 선택을 하려는 니즈도 늘고 있죠. 공무원, 공기업, 전문직 시험을 준비하는 사람들이 점점 많아지는 것은 이 불안의 수요를 방증하는 것일 텐데요. 회사 밖에서만의 이야기가 아닙니다. 저의 동료이기도 했던 Q를 볼까요. 그는 오전 8시 출근, 오후 5시 퇴근을 가능한 칼같이 지키며 삽니다. 업무 시간 중에는 화장실도 뛰어갔다 올 정도로 집중하며 바쁘게 일하지만 퇴근 이후에는 업무용 메신저나 이메일에 절대 접속하지 않는다고요. 그 시간에 데이터 분석이나 경제 공부를 하고 좋아하는 운동도 배우고 가족이나 친구들과 여유를 함께한다고 해요. 일을 굉장히 열심히 잘했던 만큼, 임원들과 주말 골프도 치고 눈도장을 찍으며 인정과 승진을 바랄 법한데, 그는 하지 않았습니다. 그 이유가 궁금했어요.

"내가 아무리 열심히 해봤자 원하는 성과가 안 나오거나 임원 바뀌면 끝이잖아. 근본적으로 이 회사에서 내가 바꿀 수 있는 것도 없고. 앞으로 나는 내 인생 열심히 살려고."

Q의 이야기를 들으니 'Quiet Quitting'이 떠올랐습니다. 'Quiet Quitting'이라는 말을 들어보셨나요? 그대로 번역하면 '조용한 퇴사'인데요, 정해진 업무 이상으로 일하지 않는 소극적 업무관을 뜻합니다. 돈 받는 것만큼만 일하는 게 당연하다고 생각하고 있을 것 같은데요, 원래부터 그랬던 것은 아닙니다. 취업 포털 사이트 '사람인'에서 2021년에 조사한 결과에 따르면 40대는 59.2퍼센트가, 50대는 40.1퍼센트가 월급 이상의 성과를 보여야 한다고 생각했다고요. 20대는 78.5퍼센트가, 30대는 77.1퍼센트가 월급 받는 만큼만 일하겠다고 답했습니다. 결과적으로 대다수가 택한 업무관이고 시대가 변했으니 당연한 것이라고 생각하고 싶지만, 현실은 그렇지 않습니다. 이 끝에 있는 건 개인의 행복이 아닌 번아웃, 피로감, 무기력에 가깝기 때문입니다. 회사에서 열심히 일해봐야 나에게 돌아오는 것도 없는 것 같고, 오로지 책임감 때문에 출근길에 올라야 할 때, 정해진 일을 해낸다기보다는 언제라도 사표 내고 짐 쌀 수 있다는 있다는 마음에 더 무게 중심이 쏠려있는, 대다수가 그렇다면 명백한 사회문제인 상황인 거죠.

지금처럼 널리 알려지지도 않았던 때, 처음 이 말을 들었을 때 마음 한구석이 짠했던 것도 기억합니다. 겉으로 보기엔 주변 사람들 대다수가 '적당히 일할 거야' 하는 것처럼 보이지만, 사실 일을 시작할 때부터 그런 마음으로 일하는 사람은 생각보다 많지 않습니다. Q처럼 열정을 불태우며 일을 시작했지만 어떤 계기로 회사 일을 대하는 태도가 달라진 사람들이 훨씬 많습니다. '회사는 회사일 뿐'이라며 일하는 마음을 솔직하게 드러내지 않는 분들도 많아요. 퇴사를 결심하고 인사부와 면담하는 그 순간조차도요. 그렇게 외면하다 진짜 이유를 잊기도 하고요.

일이라는 주제를 놓고 이야기하자면, 말하는 사람의 수만큼이나 그 입장과 상황도 다양합니다. 수많은 입장 차에도 불구하고, 개인이든 회사든 제가 함께 해결책을 찾아나서는 출발점은 하나입니다. '나는 일에서 무엇을 중요하게 생각하는 사람인가'에 대한 기준과 자신만의 정의가 필요하다고요. 내 기준에 맞는 일을 그 기준에 부합하는 일터에서 할 수 있어야 좋은 회사라고 설명하면서요.

나의 기준을 찾아야 한다, 나를 잘 알아야 한다, 자신에게 끝까지 질문해보라 같은 말들이 식상하게 느껴질 수도 있습니다. 내가 나를 잘 아는 것과 별개로 회사가 내세우는 가치나 기준을 찾고 맞춰가는 게 너무 모호하거나 방대하게 느껴지기도 하고요. 조직에 개인과 같은 기준과 변화를 요구하는 게 어불성설처럼 느껴질 수도 있습니다. 그럼에도 여전히 중요하고 꼭 찾아야 하는 이유는 '개인화'가 우리의 삶 전반을, 그래서 일까지도 바꾸고 있기 때문입니다.

일이라는 주제를 놓고 이야기하면
그 입장과 상황도 다양합니다.
그럼에도 개인이든 회사든
해결책을 나서는 출발점은 하나입니다.
'나는, 조직의 구성원은 일에서
무엇을 중요하게 생각하는 사람인가.'

표준화 vs. 개인화, 규모보다 영향력이 중요하다

산업 사회의 키워드가 '표준화'였다면, 정보 사회는 '개인화'의 시대입니다. 하나의 일을, 한 회사에서 평생 할 거라는 생각은 접는 것이 오히려 안전합니다. 대다수 사람이 은퇴할 때까지 열두 번 이상 일자리를 옮기고, 인간의 수명은 백세 이상인 반면 기업의 수명은 2022년에는 16년, 점차 줄어 2027년에는 12년이 될 전망이라고요. 우리가 사회에 첫 발을 내딛고 정년퇴임하기까지의 평균 사회생활 기간이 대다수 일터들의 수명보다 긴 시대가 된 것이죠.

표준화 시대에서는 커리어 코스 역시 표준화되어 있었습니다. 소위 말해 스펙을 잘 쌓고, 조직 내에서 사다리를 차근히 밟고 올라 부와 지위를 획득하는 것이 바로 표준화 시대의 성공이었습니다. 목적지까지 일직선으로 뻗은 길을 따라가기만 하면 취업과 사회적 지위, 경제적 안정을 얻는다는 암묵적인 믿음이 있었어요. 이에 걸맞게 각 회사는 기준에 맞는, 정규 분포 안에 들어오는 사람들을 채용했습니다. 회사에서 주위를 한번 둘러볼까요. 특별히 튀는 사람, 별로 없지 않나요. 둥글둥글 비슷합니다. 회사는 개인의 취향이나 관점이 뾰족하게 두드러지는 사람보다는 모나지 않은 '평균'인 분들을 많이 채용하려 했을 겁니다. 대량 생산, 큰 규모로 승부를 보는 만큼 개인의 역량보다 조직의 시스템이 더 중요했기 때문이죠. 이렇다 보니 회사로부터 선택받기 위해 자신만의 개성과 취향, 관점을 좀 억누른 사람들도 많을 것 같네요. 이제는 그러지 않아도 됩니다. 표준화, 평균의 시대는 지났으니까요.

넷플릭스나 유튜브, 구글 검색을 해본 적 있죠? 그들은(?!) 내 검색어와 관련된 영상을, 전에 봤던 영상과 비슷한 분위기나 내용의 드라마를 추천하며 나를 계속 붙잡습니다. 아마존, 쿠팡 등 커머스 플랫폼은 또 어떤가요. 장바구니에 담아둔 제품과 비슷한 상품들을 계속 권하며 결국 결제를 유도합니다. 나조차 몰랐던 내 취향의 영화나 책을 섬뜩하도록 정확하게 추천하는 세상입니다. 개인별 맞춤 검색 결과, 개인 맞춤형 뉴스 서비스, 페이스북과 인스타그램, 트위터 등이 일상화되어 있죠. 이런 사회 현상을 한마디로 '개인화(personalization)'라 부를 수 있습니다.

개인화가 진행되면서 예전에 비해 일하는 방식도 다양해지고, 선택지도 많아졌습니다. 그간 우리나라를 이끌어왔던 제조, 유통, 철강, 통신 산업 경제에서 이제는 프리랜서, 자영업자, 스타트업, 콘텐츠나 IT 기업들이 주도하는 다양하고 분권화된 지식 서비스 경제로 그 축이 점차 바뀌고 있습니다. 규모와 별개로 조직의 형태와 사업 영역이 굉장히 다양해지고, 일하는 방식도 각양각색인 시대로 변하고 있습니다. 이런 시대에서는 규모보다

영향력이 중요합니다. 개인의 관점과 취향이 '일'이 되죠. 덕업일
치라는 말은 이러한 사회 변화를 반영하고요.

표준화의 시대에서는 일하는 방식이 거의 비슷했습니다.
누가 먼저 출근해서 더 오래 책상에 앉아 있는지가 '성실'의 척도
였죠. '나인 투 식스'(9 to 6)가 아니라 '식스 투 나인'(6 to 9)이 일상
이고, 옆자리 부장보다 늦게 퇴근해야 일 잘하는 사람, 조직에 충
성하는 사람으로 인정받았습니다.

요즘은 일하는 방식 자체가 달라지고 있습니다. 일주일 근
무시간 내내 회사에 단 하루도 출근하지 않는가 하면, 구성원 전
원 재택근무를 하다 꼭 필요할 때만 출근하는 회사도 많아지고
있습니다. 어디에서, 누구 옆자리에서 일하는지는 이제 별로 중
요하지 않습니다.

눈에 띄게 자리에 얼마나 오래 앉아 있는지보다 나는, 우리
회사는 얼마나 효율적으로 일하는지, 어떤 문제를 해결하는지,
그 문제는 진짜 문제가 맞는지, 이를 통해 혁신적인 제품·서비
스를 시장에 선보일 수 있는지가 조직의 존폐에 더 중요한 영향
을 미칩니다. 이렇다 보니 예전 방식 그대로 일하는 회사에 남아
있는 것이 맞는지 고민하는 게 당연할지도요.

회사의 성장을 위해 개인의 희생을 강요하던 시대는 이미

지났습니다. 이제는 개인의 일과 성장에 욕심 있는 사람들이 많아져야 그 회사도 함께 성장한다고 여겨지는 시대입니다. 앞으로는 개인의 삶과 커리어를 신경쓰고 지지하는 회사에 더 좋은 인재들이 모이고, 성장 속도의 편차는 점점 더 크게 벌어질 텐데요. 아직 많은 조직이 변화의 과도기에 있습니다. 우리 주변을 둘러싼 서비스가 빠른 속도로 개인화되는 만큼 개인의 커리어 성장을 신경쓰며 구성원 개개인을 관리하기 시작한 회사가 있는 반면, '이곳은 70년대인가' 싶을 정도로 표준화 시대에 머물러 있는 회사도 많습니다. 말만 재택근무이지 팀장 이상은 다 출근하는 회사도 많고 한편에서는 워케이션(workcation, work와 vacation의 합성어) 등을 이야기하며 어디에서 일하든 일의 효율과 결과만 좋으면 된다는 회사도 많아지고 있습니다.

우리 회사는 어떤가요. 표준화와 개인화의 스펙트럼에서 어디에 있나요. 세상은 점점 더 개인화의 시대로 변화하고 있는데 우리 회사는 여전히 다양성을 무시하며 '표준화' '규모' '규격화'만 부르짖고 있다면, 그 회사에 계속 있는 것이 괜찮을지 한번 생각해보시길 바랍니다. 변화는 이미, 분명히 시작되었으니까요.

얼마나 효율적으로 일하는지
어떤 문제를 해결하는지
혁신적인 상품과 서비스를
시장에 선보일 수 있는지…
자리에 오래 앉아 있기보다
'진짜 일'을 해야 합니다.

일 고민은
연차를 따지지 않는다

표준화와 개인화의 스펙트럼에서 '나는' 어디쯤에 있나요? 이 질문에 당황하는 사람들이 꽤 있습니다. '나는 개인이니까 개인화 쪽이지, 왜 당연한 질문을 하지?' 하고요. 과연 그럴까요. 언제 어디에 있든 나는 내 일의 품질을 자신할 수 있나요? 아니면 시스템·프로세스에 따라 표준화된 일을 하는 것이 더 마음 편한가요. 나만의 일을 하고 싶다고 막연히 생각하면서도 나도 모르게 표준화의 성공 공식을 답습해 줄세우기, 스펙 쌓기에 따른 경력의 사다리를 오르는 데 힘쓰고 있진 않나요. 이직을 고민할 때 '이 회사가 싫어서' '이 일이 안 맞는 것 같아서' 말고 내가 하고 싶은 것, 더 잘하는 일에 집중해본 적 있나요?

우리는 대부분, 어쩌다 회사원이 되었습니다. 저는 성인이 되어서도 증권사에서 일하는 것을 염두에 둔 적이 없었습니다. 말 그대로 '어쩌다' 시작했습니다. 커리어 초기에는 광고 대행사에서 일하고 싶다고 막연히 생각했는데, 인턴으로 일해보니 아무래도 내 길이 아닌 것 같더라고요. 그래서 일단 여러 기업에 이력서를 넣기 시작했습니다. 그렇게 회사원이 되었고요. 그때도 먼 훗날 제 자신이 글로벌 투자은행에서 마지막 직장 생활을 하고, 그 후엔 커리어 액셀러레이터라는 직업을 만들 것이라곤 상상도 한 적 없고요.

지금 하고 있는 일을 얼마나 꿈꾸고 바랐나요? 우리의 사회

생활이 어쩌다 시작된 까닭에 출근길의 책임감이 우리를 지탱하다가도 어느 날 문득, 내가 가는 이 길이 맞는지, 내 길은 대체 어떻게 찾아야 할지 고민하는 건 어쩌면 당연할지도 모르겠습니다.

"저는 지금까지 경주마처럼 달린 것 같아요. 똑바로 앞만 보고, 다른 길로 새지 않고 다른 곳을 곁눈질하지도 않고 이 길에서 벗어나지 않으려고 노력하며 정말 열심히 달렸어요. 요즘 좀 지쳐서인지 이유를 잘 모르겠는데요, 이 길이 내 길이 맞을까 하는 생각이 들어요."

– 연구 8년차

"전략기획 업무가 찰떡같이 맞을 거라고 생각했는데, 막상 해보니 '계속 이 일을 해도 될까' 하는 생각에 시달립니다. 저의 성향, 제가 좋아하는 것, 즐기고 재미있어하는 것, 싫어하는 것에 대한 깊은 고민 없이 멋있어 보이는 일을 운 좋게 하게 됐는데, 어느새 6년차가 됐어요. 지금은 길을 잃은 느낌입니다. 당장 내일 회사를 가는 것도 너무 막막하고, 앞으로의 커리어도 한없이 꼬일 것만 같고 하루에 수백 번도 더 고민하게 됩니다."

– 전략기획 6년차

"지금까지 해온 일 말고 다른 일을 도전해보고 싶지만 왠지 모르게 마음이 불안합니다. 입사하면서 발령받은 부서에 10년째 다니고 있어요. 이대로 계속 일하면 팀장이 될 수도, 운 좋으면 임원이 될 수 있을지도 모르는데 정작 이 길이 내 길이라는 생각이 들지 않으니 1년 후 내 모습도 그려지지 않아요. 하지만 막상 제가 좋아하고 해보고 싶던 일에 도전 해보려니 겁부터 덜컥 납니다. 10년째 퇴사 중인 것 같아요. 제가 결단을 내리면 될 일인데 왜 이렇게 용기가 나지 않을까요?"

- 상품기획 10년차

'지금 가고 있는 길이 나에게 맞는 길인지'라는 고민은 시간이 지나고 연차가 쌓인다고 자연스럽게 해결되진 않을 겁니다. 저연차일 때는 잘해내고 싶고 인정받고 싶은 마음에 달리며 시간을 보내다 고연차가 되어서야 깊게 고민하기도 하죠. 어떻게 하면 일이 될지 슬슬 보이기 시작할 때, 회사 혹은 내가 쌓아온 네트워크로 일이 쉬워지기 시작할 때, 옆자리 부장 혹은 임원이 내가 바라는 모습인지 의문이 들 때, 이 길을 계속 가는 것이 맞을지, 그렇다면 진짜 내 길은 어떻게 찾아야 할지 고민이 시작됩니다.

우리가 알던 직업의 세계는 너무 좁았습니다. 대학만 가면 모든 것이 해결된다는 주변의 등쌀에 점수 맞춰 대학에 갔고, 그 이후에는 사회가 원하는 스펙을 준비하다 나를 뽑아주는 곳에서 일을 시작한 경우가 많죠. 우리의 학교와 직장은 그 구조상 내가 어떤 것을 좋아하고 흥미를 갖는지 깨닫도록 유도하지 않습니다. "너는 어떻게 살고 싶어? 무슨 일을 하며 살고 싶어?"라는 질문을 언제 받았나요? 내가 원하는 일, 좋아하는 일, 잘하는 일, 시장이 원하는 일 등을 고민하고 탐색해보는 커리어 수업을 한 번도 받은 적이 없죠. 오히려 타인이, 사회가 정해놓은 대로 비슷비슷한 모습에 가까워지고 있지 않나요.

무의미한 이직, 퇴사, 불안이 반복되는 것 같다면, 그런 자신의 삶에 지치고 있다면, 출발점을 타인이나 회사가 아닌 나 자신으로 바꿔보세요. 당장 하고 싶은 것, 좋아하는 것이 떠오르지 않는다면, 아무런 제약 조건이 없다면 무엇을 하고 싶은지부터 생각해보는 것도 좋습니다. 표준적인 트랙에서 벗어나는 거죠.

이 일을 계속하기엔 그만큼 실력이 있는지 잘 모르겠고, 내가 해보고 싶은 일을 하기엔 모아놓은 돈이 많지 않은 것 같고, 지금까지의 일이 더 안전한 것 같고, 기회비용이 클 것 같고, 가족이 반대할 것 같고 등 되는 이유보다 안 될 이유를 자꾸 찾게 되는 생각 회로에 갇혀 있을지도 모르겠습니다. 현실적인 조건과 상황을 무시할 수는 없지만, 모든 것을 고려하다 보면 오히려 더 답이 나오지 않습니다. 내가 가진 것들은 이미 빤히 눈에 보이거든요. 선택지는 더 좁아져요.

다른 사람들이 좋다고 이야기하는 잘 닦여 있는 길 말고, 나하고 싶은 대로 다 할 수 있다면 무엇을 하고 싶은지 생각해보고 질문의 답변을 하나씩 채우는 과정은, 이를테면 각자의 북극성 좌표를 하나 그려보는 일입니다. 그 좌표가 아주 뚜렷하지 않아도 됩니다. 단, 희미하더라도 있긴 있어야 내가 찍는 이 점들이 어떻게 연결될지 상상하며 일할 수 있습니다.

광고를 전공하고 너무나 자연스럽게 광고 대행사에 입사해 어느덧 20년차가 된 A는 어느 날 '광고만 아니면 어떤 일이라도 좋겠다'며 찾아왔습니다. B 역시 비슷한 경우였어요. 그는 영화 배급사에서 영화를 수입하고 유통, 배급하는 일을 한 지 7년째였습니다. 익숙해져서 편할 법도 한데 지금 하는 일만 아니면 뭐든 다 할 수 있다며 자신에게 맞는 일을 추천해달라고 했습니다. 제가 가끔 무릎팍도사에 가까운 신기를 발휘하긴 하지만 얼굴 보자마자 부채를 탁 펴며 '자, 당신은 앞으로 이 일을 하세요!'라고 답하는 건 어렵습니다. 그럴 땐 무릎팍도사 대신 램프의 요정 지니처럼 '아무런 제약이 없다면 무엇을 하고 싶은지' 묻죠.

A는 말없이 한참 생각하다 마침내 입을 열었습니다. "아무 제약이 없다면, 음, 돈이 많다면요. 무인도를 하나 사서 리조트를 짓고 내가 좋아하는 F&B 브랜드들을 다양하게 입점시키고, 내가 좋아하는 사람들 초대해서 같이 먹고 마시고 놀고 싶어요!"

그가 좋아하는 F&B브랜드가 무엇인지 물었습니다. 복순도가, 지평막걸리 등 끝도 없이 답변이 이어지더라고요. 결과가 썩 좋지는 않았지만 라이브커머스 관련 창업을 해본 경험도 있었습니다. 막 시작한 신생 브랜드의 마케팅은 어떤 방향으로 이뤄져야 할지, 어떤 사람을 채용해야 할지 등 조언도 할 수 있는 사람이었습니다. A의 경험과 취향이 말해주는 답은 명확했습니다. F&B브랜드 중 이제 막 시작한 브랜드의 마케팅 전략을 짜는 일을 함께해보면 어떨지 조언했습니다. A는 광고 대행사에서 20년 가까이 일하며 대행사가 일하는 방식, 대행사의 다양한 클라이언트들이 일하는 방식과 브랜드 전략 등을 잘 알고 있었으니까요. 그 지식과 경험으로 신생 브랜드는 어떻게 마케팅 전략을 세우고 진행하면 좋을지 충분한 인사이트를 제공할 수 있었습니다.

꼭 회사에 들어가서 월급 받고 일해야 한다고만 생각하지 말고, 내가 그런 일을 하는 회사를 만들 수 있다고도 생각해보면 어떨까요. 너무 거창하게 생각하기보다, 일단 함께 일해보고 싶은 회사들의 리스트를 만들고 그들에게 내가 어떻게 도움이 될 수 있을지 콜드콜을 해볼 수도 있습니다. 여기서 핵심 포인트는, 누군가 나를 알아보고 연락해줄 때까지 기다리는 게 아니라 먼저 다가가는 것입니다. 남들이 만들어놓은 길을 착실히 잘 따라왔으니, 그러느라 수고했으니, 표준화된 조건들이 이젠 먹히지 않는다고 하니, 이를 핑계로 이제부터는 나만의 길을 주도적으로 만들기 위해 하나씩 실행해보는 거죠.

영화 배급사에서 일하던 B는 아무도 자신을 찾지 않는 곳에서 하루 종일 영화나 웹툰, 웹소설을 보고 싶다고 했습니다. 알고 보니 자신의 일이 싫어진 데는 본인이 배급하는 영화가 너무 재미없고 주변 친한 지인들에게 추천할 수 없다는 이유도 한몫했습니다. 추천은커녕 본인이 했다는 것을 알게 될까 봐 부끄러운 영화가 더 많다고 했어요. 회사는 돈 될 만한 영화는 가리지 않고 수입했습니다. B의 답변을 듣고 보니 이 일을 싫어하게 된 것인지 이 일을 하는 환경을 싫어하게 된 것인지 생각해볼 필요가 있더군요. 특히나 B의 경우에는 '아무 일이나 되는 대로, 이 일만 아니면 하겠다'는 마음에 집중하기보다는, 자신이 잘 알고 더 많은 사람에게 알리고 싶은 영화나 콘텐츠와 관련된 일을 다른 회사에 가서 하는 것이 더 좋겠다는 이야기를 나눴습니다.

재미있는 일을 찾는 것은 개인뿐 아니라 회사도 표준화된 모습에서 벗어나는 가장 빠르고, 어쩌면 사실 쉬운 길입니다. 저는 기업의 조직 구성원을 대상으로 '일잼(일의 재미)' 세미나를 진행하는데요, 그때 "덕질하고 있는 것이 있나요?" 혹은 "자발적으로 나의 시간과 에너지를 들여 해낸 일은 무엇인가요?"라는 일잼 지수를 질문합니다. 프로덕트 디자이너는 애플을 덕질해 새로운 제품이 나오는 족족 다 써보고 있었고, UX기획자는 힙스터 덕후라 새로운 공간, 미술관이나 카페 등에 꼭 가본다고 답했습니다. 홍보 담당자는 친환경 이슈를 고민하며 플라스틱 용기를 사용하지 않는 비누를 덕질한다고 답했습니다. 이 밖에도 정말 재미있는 이야기가 많이 나왔어요.

사람을 많이 만나는 저로서도 신기하고 재미있었는데, 문득 '이 회사는 구성원들의 취향과 관점이 이렇게 다양하다는 것을 알고 있을까' '엄한 데 가서 고객을 인터뷰할 것이 아니라 구성원을 인터뷰하고 그 관점을 상품과 서비스에 담을 수 있다면 얼마나 좋을까' 하는 생각을 했습니다. 구체적으론 이런 거예요. 애플의 신제품을 덕질해보니 우리 회사의 제품, 고객 경험과 애플의 것은 어떻게 다른지, 새로운 공간에 가보는 것을 좋아한다면 요즘 소비자들의 트렌드는 어떤지, 그런 공간들은 어떤 특색이 있는지, 우리 회사의 매장에 반영할 수 있는 인사이트는 무엇인지, 또 ESG를 멀리서 어렵게 찾을 것이 아니라 친환경 이슈를 고민하는 구성원의 이야기부터 듣는 거죠. 아무 관심 없는 사람들로 갑자기 신사업TF를 만들 것이 아니라, 개인의 관심사와 회사는 별개로 선 긋고 회사에서의 자아와 진짜 나를 구별하는 것이 아니라, 개인의 관심과 취향을 일에 조금이라도 반영할 수 있도록 회사의 시스템도 달라질 수 있다면 회사에서의 일이 훨씬 더 재밌어지지 않을까요. 표준화 시대, 개인화 시대, 그리고 언제 어떻게 다가올지 모르는 변화를 매번 억지로 쫓을 필요도 없지 않을까요.

개인 vs. 회사, 제대로 성장하려면 함께 가야 한다

우리 사회 전반이 개인화될수록 상대적으로 회사의 중요성에 대한 이야기는 줄어드는 것 같습니다. '회사는 회사일 뿐'이라며 자신이 다니는 회사에 어떠한 판단도, 감정도 개입시키지 않으려는 사람도 많고요. 더 나은 회사는 있기 마련이니 '절이 싫으면 중이 떠난다'는 말을 실천하기도 합니다. 커리어 액셀러레이터로서 제 일이 커리어 방향성을 고민하는 개인에게 일 질문을 하고 답을 듣는 것이니만큼 개인들의 그 마음을 충분히 알고 있습니다. 하지만 이 일을 하다 보니 아무리 개인이 잘해도 일터의 환경이 달라지지 않는다면, 회사가 변하지 않는다면 개인의 삶이 변화할 수 있을까 하는 근본적인 의문이 들더군요. 개인 차원에서 해볼 수 있는 일, 성장, 변화는 한계가 있기 마련이니까요. 개인과 조직이 함께 변할 때 그 속도는 더욱 빨라지고, 효과도 크고, 들어가는 품도 줄어듭니다.

개인과 조직의 관계가 마치 다윗과 골리앗 같고, 개인은 언제나 회사의 '을'로만 느껴진다면, 혹시 이런 경험은 없는지 돌이켜봐주세요.

"회사 이슈를 매번 SNS나 미디어를 통해 들어요. 회사는 우리를 중요하게 생각하지 않는구나, 부품이라고 생각하는구나 하는 생각이 듭니다."

압도적인 거래량을 자랑하는 커머스 플랫폼 회사에서 서비스 기획자로 일하는 7년차 P가 이직 고민과 함께 전한 이야기입니다. 회사의 정보가 투명하게 공유되지 않고, 이런 상황이 반복되니 존중받지 못하는 것 같다고요. 우리 회사는 어떤가요? 회사의 뉴스를 가장 먼저 듣는 사람이 구성원들인가요, 주주인가요? 아니면 미디어를 통해 일반 고객과 똑같이 알게 되나요?

일상이 디지털화, 온라인화되면서 세상의 많은 정보가 공유되고 있습니다. 이런 변화는 일에 대한 관점, 취업 문화에도 많은 영향을 미치고 있어요. 요즘은 취업준비생들도 특정 회사에 지원하기 전부터 잡플래닛이나 블라인드를 통해 그 회사가 일하는 방식, 조직 문화를 점검합니다.

한 금융회사에서 3년차 사원과 임원들 간의 대화를 잇는 토크쇼를 진행했을 때 저연차 사원들로부터 "자부심을 느끼라고 강요하지 말고, 느끼게 해주셨으면 좋겠습니다"라는 말을 들은 적도 있어요. SNS나 여타 플랫폼에 '이 회사의 조직 문화가 너무 보수적이고 고루하다' '5년차 미만 사원들은 경력 개발 기회도 거의 없고 하라는 대로 해야 한다' '보고를 위한 보고가 난무한다' '보고서에는 한국말을 쓰는지 일본어를 쓰는지 모를, 알 수 없는 말을 쓰고 있다' 등의 이야기가 회자되고 있는데 그럴 때마다 자괴감이 든다고도 했습니다. 최고의 복지는 최고의 동료라고 하는데, 이렇게 고루하고 보수적인 조직 문화가 각종 플랫폼에 오르내리면서 인재들이 이 회사에 점점 지원하지 않고, 입사하더라도 빠르게 퇴사한다며 안타깝다고요.

디지털이 이렇게 일상화되기 전에는 정보를 가진 사람들에게 권력이 있었습니다. 회사의 크고 작은 정보가 공유되지 않을 때 회사의 중요 정보를 누가 알고 있는지, 그 사람과의 친분 관계 등을 둘러싸고 사내 정치가 발생했죠. 하지만 요즘은 어떤가요. 모든 정보가 다양한 포털과 SNS를 통해 공개되고, 마음만 먹으면 검색을 통해 얼마든지 알 수 있습니다. 어떤 회사의 무슨 부서에서 무슨 일이 벌어지는지, 어떤 사람 때문에 문제가 일어났는지, 심지어 실명까지 언급될 정도로 오만 정보가 만천하에 공개되고 있죠.

이런 세상일수록 회사의 정보는 조직 구성원, 즉 내부 고객을 그 어떤 고객보다 우선으로 여기며 정보를 투명하게 공개해야 합니다. '카더라'에 의존해 수군수군할 시간에 함께 이야기해 보는 것이 개인과 회사를 위해서도 훨씬 생산적일 테니까요. 누군가에게 잘 보이기 위해 애쓰고, 사내 정치나 관계에 신경 쓸 시간에 내가 지금 하는 일을 더 잘하기 위해 애쓰는 것이 모두에게 건강한 방식입니다.

'최고의 복지는 함께 일하는 동료'라는 말의 의미도 한 번 더 생각해봤으면 좋겠습니다. 좋은 환경에 좋은 사람들이 모이는 법이라는데, 좋은 환경이란 무엇일까요. 저는 개인과 회사 간의 투명성만큼이나 개인과 개인 간의 투명성, 솔직함이 좋은 환경을 만든다고 생각합니다. 일에 대한 허심탄회한 의견 교환이 각 개인을 더욱 단단하게 만들기도 좋고요. 이를 실감하게 된 계기는 개발자 A를 만났을 때였습니다.

"연봉을 더 받고 싶어요. 가능할까요?" 개발자 A의 첫마디였습니다. 그는 이미 연봉을 많이 받고 있었고 그 회사의 핵심 포지션에 있었습니다. 24시간 서비스가 돌아가는 회사의 빠른 성장 속도만큼 자신을 갈아 넣으며 내 회사처럼 일했다는 그는 휴가도 거의 쓰지 않고, 사내 스터디도 정말 많이 진행하고 있었죠. 그러던 어느 날 '내가 왜…'라는 생각이 들었다고요.

사실 그 마음은, 대표가 자신이 한 일을 자꾸 다른 사람들에게 묻는 작은 사건에서 시작됐습니다. 본인 파트에만 중요 의사 결정자가 여럿이었는데, 마음이 꼬이다 보니 이 역시 자신을 믿지 못하는 것이라 판단하게 됐다고요. 기여한 바를 현명하게 커뮤니케이션해야 하는 책임이 그에게도 있지만, 그동안 계산 없이 열과 성을 다해 일했는데 알아주지도 고마워하지도 않는 듯한 리더와 조직에 서러움이 쌓이고 있었습니다. 그 서러움이 개발자 A의 진짜 마음이었고, '차라리 연봉이라도 많이 받는 게 낫겠다'는 말로 표현된 거죠. 그가 원하는 것은 '존중과 인정', 그를 통해 자신이 하는 일의 '의미'를 찾는 것이었습니다.

대기업이든 스타트업이든 핵심 인재들의 이직 이유를 솔직히 들어보면 '연봉'이 아닌 경우가 더 많습니다. 구성원 입장에서 돈과 워라밸을 꼽는 경우는 내가 이렇게 일하면서 성장하지 못할 바엔, 재미도 없을 바엔, 왜 하는지도 모르는 일을 하느라 소모될 바엔, 혹은 지금 하는 일에 대한 확신도 없을 바엔 '돈이라도 많이 받아야지' '퇴근이라도 일찍 하고 내 삶을 지키며 살아야지' 하는 마음이 발현된 것이죠. 주도적으로 일을 이끌고 자유롭게 일할 수 있는 환경이라면, 자신이 하는 일이 조직과 사회에 긍정적인 영향을 미칠 수 있다고 생각하면 연봉을 깎으며 이직하는 경우도 다반사였어요.

'에이, 설마' 싶으신가요? 그렇다면 한번 나 자신에게, 옆자리 동료에게 물어보세요. "성장, 의미, 재미, 인간관계, 워라밸, 돈 중 나에게 중요한 두 가지만 골라보세요. 그 두 가지를 선택한 이유는 무엇인가요?"라고요. 여러분은 어떻게 답하시겠어요? 동료에게서 어떤 답변이 가장 많이 나올까요? 회사의 리더일수록 '우리 구성원들은 돈과 워라밸을 꼽았을 것 같다'고 많이 추측하시더라고요. 하지만 사실은 그렇지 않습니다. 1위 성장, 2위 재미, 3위 의미를 택하는 구성원들이 절대적으로 많습니다.

성장과 재미, 의미를 택한 사람에게 그 단어에 대한 정의를 요청했을 때 나왔던 답변들을 공유하고 싶어요.

이 회사의 비전과 의미가 나의 가치관과 비슷한가

회사는 명확한 비전이 있는가, 그 비전을 나에게 충분히 공유하고 함께 목표를 추구할 준비가 되어 있는가

나는 회사에서의 일을 통해 주변 사회에 긍정적인 영향을 미치고 있는가

나는 이 회사에 들어오기 전보다 더 나은 사람이 되었는가

9 to 6, 같은 시간에 능률과 상관없이 일할 필요가 있는가

문제를 공유하고 조언을 구할 수 있는 분위기에서 일하고 있는가

완료 시 성취감을 느낄 수 있고, 실패하더라도 무언가 배울 수 있는 일인가

매일매일 일하는 8시간 동안 어떤 형태로든 새롭게 할 수 있는 일이 있는가

내가 하는 일이 개인능력의 향상을 가져오며, 회사에도 기여한다고 생각되는가

답변을 보니 어떤가요. '일이 싫고, 열정이 없고, 적당히 해치우고 집에 가려는' 마음은 느낄 수 없지 않나요. 성장, 재미, 의미가 개인적인 차원의 단어인 것 같은데 결국 회사와 조직 차원으로 확장되는 것도 볼 수 있습니다.

저는 이 답변들을 보면서, 개인의 일, 회사의 일, 자신과 조직, 일과 삶에 대해 본질적으로 다시 생각하고 있다고 느꼈습니다. 모두가 하는, 해야 하는 고민이라면 함께하는 게 어떨까요. 내가 하는 일이 무엇인지 분명하게 알고 스스로의 존재감을 느끼는 사람들이 많아져야 일하는 나의 자존감도 올라가고, 이런 동료들과 함께 일해야 좋은 자극을 받을 수 있습니다. 명함에서 회사의 이름, 직급 떼고 나의 일을 나만의 언어로 설명할 수 있는 구성원이 많아지면 회사도 성장할 수 있을 것입니다.

PART

2

원칙 : 일을 투자처럼

모두에게 공평하게 주어지는 동일한 자원이
시간이라면, 이 자원을 가장 잘 활용하는 방법은
그 시간을 가치 있게 쓰는 겁니다. 똑같은
시간이 주어지더라도 어디에서
무슨 일을 하며 쓰는가에 따라 쌓이는
'자산'이 다릅니다. '1년'이라는 시간이 똑같이
주어졌을 때, 누군가는 그 시간 동안 폭발적으로
성장하고, 누군가는 정체되어 있으며,
또 다른 누군가는 퇴보합니다. 어디에서
무슨 일을 어떤 마음으로 하는지에 따라서요.
당신은 어떤 시간을 보내고 있나요?
지나간 시간은 돌아오지 않습니다.

지금 하고 있는 일을
1년 정도 더 하면,
내년 이맘때쯤
무엇이 달라져 있을까요?

- [ ] 좀 더 기간을 늘려서 이 회사를 3년쯤 더 다니면 무엇이 달라져 있을까요?

- [ ] 1년이나 3년 뒤 물가상승률만큼 연봉이 오른다고 가정할 때 내 통장에 찍히는 숫자보다 더 많은 기회를 누릴까요, 기회의 측면에서는 마이너스가 더 클까요?

- [ ] 지금과 그다지 다르지 않을 것 같다면, 그 이유는 무엇인가요?

- [ ] 내가 지금 하고 있는 일을 떠올려보세요. 가장 하기 힘든 일도 좋고, 가장 중요한 일 혹은 재밌게 하고 있는 일도 좋습니다. 그 일을 통해 나는 어떤 '일 자산'을 쌓고 있나요?

- [ ] 지금 하는 일에서 내게 남는 교훈(lessons learned)은 무엇인가요?

- [ ] 나의 시간과 에너지를 돈이라고 가정할 때 지금 하는 일에 투자할 수 있나요? 투자하려는 그 일은 지금 어떤 상태인가요?

- [ ] 그렇다면, 혹은 아니라면 판단의 근거는 무엇인가요?

- [ ] 만약 내가 투자자라면, 우리 회사에 투자할 건가요?

- [ ] 내가 해보고 싶은 일의 시도를 미룸으로써 얻는 경제적, 정신적, 신체적 손해는 무엇이고, 이익은 무엇일까요?

- [ ] 재미있게 해보고자 하는 일을 위해 어느 정도의 리스크를 감당할 준비가 되어 있나요?

1년 뒤 내 일의
기대수익률은 얼마일까

얼마 전 저를 찾아온 6년차 A는 이직한 지 3개월 만에 퇴사를 고민하고 있었습니다. 그는 이직하기 전, 첫 직장에서의 일을 좋아했어요. 자신이 꿈꾸던 일과 딱 맞는 정도는 아니었지만 그럭저럭 일하는 재미가 있었다고요. 어느 날 다른 회사가 이 회사를 인수하면서, A는 자신이 재미있게 해오던 일을 더 이상 하지 못할 가능성을 마주했습니다. 이대로 괜찮을지 고민하던 그의 마음을 알아챈 것처럼 헤드헌터에게 연락이 왔고요. 한 제조회사에서 A와 같은 경험을 한 사람을 찾고 있다고요.

합병 이슈로 어떤 일을 하게 될지 확신할 수 없었던 A는 헤드헌터의 제안을 받아들였습니다. 연봉도 높였고, 회사의 위상도 시장에서 나쁘지 않고, 자신이 해왔던 일을 해본 사람이 그 회사에 없어서 자신만 잘하면 주목받을 수 있을 것이라 생각했대요.

막상 가보니 헤드헌터에게 들은 이야기와는 달랐습니다. A는 웹드라마나 영화를 마케팅, 유통한 경험을 바탕으로 이직했는데요. 이를 살려 이런저런 아이디어를 이야기하면 '아이디어나 스토리는 별로 중요하지 않고 우리는 이번 달까지 영상 N개 만들어야 한다, 그렇게 상부에 보고했으니 일단 개수를 채워라'는 지시가 돌아왔습니다. 동료도 문제였습니다. 상사가 폭언을 일삼고 퇴근 시간 이후에도 메시지로 업무를 지시하는 일이 잦

앉는데 본인은 그 심각성을 전혀 인지하지 못했고, 인사부나 부서 동료들은 문제를 인식해도 딱히 해결하지는 못하고 있는 상황이었습니다. 무엇보다 A가 낙담했던 건 '다른 경력직 들어오면 그 사람이 화살을 받을 테니 그때까지만 버티자'는 분위기였습니다.

A는 주변 동료나 친구들로부터 조언을 구했는데 이런 이야기들을 들었대요. "어차피 회사 다 거기서 거기고, 어디든 또라이는 있기 마련이니 조금만 버텨. 그래도 그 회사 워라밸도 괜찮고 뭐 나쁘지 않잖아." 그는 헷갈렸습니다. 헷갈리고 괴로운 마음으로 출퇴근 길에 오르다 '이건 아니다' 하는 마음이 치솟을 때도 있었습니다. 하지만 혹시나 잘못 판단할까 봐 객관적인 조언을 듣고 싶어 저를 찾아온 거고요. 저는 그가 기대했던 일을 하지 못하고 있는 상황보다 그가 속한 조직의 분위기가 더 문제라고 생각했습니다.

버텨야 할지, 버티면 이곳에서 성장할 수 있을지, 아니면 지금 나가기로 결심하는 것이 더 나을지 결정하기 위해 첫 번째 질문을 했습니다. "그 일을 1년쯤 더 하면 1년 뒤 A님은 어떻게 달라져 있을 것 같나요? 나이 한 살 더 먹고 물가상승률만큼 연봉이 약간 오를까 말까 하는 것 말고, 어떤 일 자산이 쌓여 있을까요? 지금과 다른 '기회'들이 있을 거라고 생각하나요?"

1년이라는 시간을 제한해 나의 일을 돌아본다면, 그 시간 '투자'가 괜찮은 투자인지 판단할 수 있거든요. 이 일을 그만해야 할지 계속해야 할지 고민하는 핵심에 '성장'이 있다면 이 질문이 특히 더 중요하다고 생각합니다. 투자의 관점에서 지금으로부터 1년 후 나의 일 자산은 무엇일지 생각해보세요. '1년 전의 나보다 지금의 내가 더 나아졌는지' 돌아보는 것도 힌트가 될 수 있습니다. 이 질문에 많은 직장인들이 회사에서 마주하는 상사를 떠올리며 고민에 빠지기도 하더라고요. 이 일을 계속하면서 팀장이 되고, 임원이 되는 것이 자신이 원하는 길인지 생각해봐도 좋습니다.

도전해야 할지 원래 하던 일을 계속하는 것이 맞을지 고민하던 저 자신에게 많이 한 질문이기도 합니다. 솔직히 말하면 회사원이 아닌 삶을 상상해본 적이 없었던 것 같아요. 그래서 지금의 일을 시작하기 전 증권사 이후 커리어를 고민하며 방황했고요. '별다른 뾰족한 수도 없는 것 같은데 그냥 다시 돌아갈까. 원래 하던 일, 익숙한 환경에서 계속하는 게 가장 쉽지 않을까'라고도 생각했습니다.

'다시 금융 시장으로 돌아가면 얼마나 버틸 수 있을까' 꼬리를 물은 질문에 '3년'이라고 답할 수 있더군요. '그럼 그 3년 동안 무엇이 쌓일까. 3년이 지난 후의 나는 무엇이 달라질까'라고 질문해보니 별달리 답할 수 없더라고요. '3년 동안 나는 나이를 먹고 돈이 쌓이겠지' 하는 생각만 들었으니까요. 솔직하게 저 자신에게 한 번 더 물었습니다. '과연 돈이 쌓일까? 어느 날 갑자기 열받아서 퇴근길에 백화점 가서 충동적으로 이것저것 지르면, 모이는 돈은 별로 많지 않을 것 같은데…' 이렇게 답하고 보니 남는 건 결국 '나이만 먹는다'더라고요. 어떤 결정을 해야 할지 분명해졌습니다.

1년 후 미래의 나의 모습이 지금과 별반 달라질 것이 없다면 그만하는 것이 맞습니다. 같은 시간을 보내더라도 기회가 많은 곳에서 일해야 나에게 쌓이는 일 자산이 많고, 그만큼 또 다른 기회가 찾아올 가능성이 높아집니다. 그러니 이 관점에서 한 번 생각해보세요, 지금 하는 일을 현재의 일터에서 1년 정도 더하면 무엇이 달라져 있을까요? 다시 한 번 강조하자면 일을 '투자'의 관점에서 생각해보세요. 내가 어떤 일 '자산'을 쌓고 있는지 돌아보는 것이 중요합니다. 어떻게 답하셨는지, 그렇게 생각하신 이유는 무엇일지 궁금합니다.

'나이 먹고 돈이 쌓이겠지…
근데 과연 돈이 쌓일까?
어느 날 갑자기 퇴근길에 백화점에 들러
충동적으로 이것저것 지르면
모이는 돈은 많지 않을 것 같은데…'
지금처럼 일한다면 1년 후엔
결국 나이만 먹지 않을까요?

투자처럼 일에도
내 원칙이 있어야 한다

재테크를 제대로 하려면 현재 나의 상태를 잘 알고 투자 원칙을 세워야 합니다. 내 자산이 얼마인지, 어느 정도의 기대수익률을 원하는지, 어느 정도의 리스크를 감수할 수 있을지 알아야 주식투자든 부동산이든 망하지 않습니다. 이런 기준 없이 다른 사람들의 '카더라'에 휩쓸려 투자를 계속하면 불안하고 수익도 없는 것처럼, 일도 마찬가지예요.

"일하면서 꼭 150%를 쏟아야 하나요?" 이제 막 창업한 스타트업에서 일하던 E가 물었습니다. 그가 일하는 조직의 구성원들은 일 욕심이 많고 과업 중심으로 사고하는 사람들이었습니다. 뭐랄까요, 구성원 모두가 일을 덕질한달까요. 덕분에 시장에서 영향력을 빠르게 확장하며 무서운 속도로 성장하고 있었습니다. 친밀한 인간관계가 중요하고, 월급 받는 만큼만 일하면 되지 않냐고 생각했던 그에게 이 조직의 분위기는 조금씩 버겁게 느껴졌습니다.

원하지 않는다면 일과 조직에 대한 가치관이 동료들과 굳이 같아야 할 필요는 없습니다. 중요한 것은 자신이 일에 대해 어떤 기준을 갖고 있느냐입니다. 무엇이 더 좋고 나쁜가, 맞고 틀린가의 문제가 아니에요. E가 '성장'을 가장 중요하게 생각하고 있다면 그 조직은 그에게 더할 나위 없이 좋은 환경이겠지만, 만약 그가 일에 대해 갖고 있는 중심축이 워라밸이라면 그도, 함께 일하는 회사 동료들도 괴롭겠죠. 누군가는 '나는 이렇게 일하는데, 저 사람은 뭐하고 있는 거지?'라고 생각할 테고 조직 분위기도 점점 안 좋아질 테니까요.

스타트업에서 일하며 '이렇게까지 나를 갈아 넣어야 하나'라고 생각한 E와는 반대로 F는 대기업에서 일하며 '이 정도만 일해도 내가 나중에 할 일이 있을까' 고민하고 있었습니다. 6년차 F는 지금 회사에서 하는 일들이 너무 쉽고 반복되고 소모적이어서, 이런 일에 더 이상 소중한 청춘을 바치고 싶지 않다고 했습니다.

일을 하기 전에는 '대기업 전략팀은 무슨 일을 할까'라고 기대했었다고요. 회사의 나아갈 길을 모색하고, 어떤 변화가 필요한지 논의하고 실행해가는 일을 할 것이라 생각했다고 합니다. 하지만 막상 하는 일은 부서별 주간·월간 보고자료를 취합해 임원들이 보기 좋게 줄간격과 글꼴을 맞추고, 보고를 위한 보고서를 만드는 것이었습니다. 다섯 시 정시퇴근이라는 장점에도 불구하고, 시간이 갈수록 F는 '이렇게 일하면서 전문성을 쌓을 수 있을까' '이직은 과연 할 수 있을까' 불안했다고요. 더 늦기 전에 적극적으로 이직을 알아봐야겠다 생각하면서도 한편으로는 주변의 말에 마음이 흔들렸습니다. '적당히 월급받고 워라밸 맞출 수 있으니, 지금 여기 계속 다닐까?' 하는 마음을 뿌리치지 못한 거죠.

E와 F의 사례에서 볼 수 있듯 사람마다 일에서 중요하게 생각하는 가치가 다르니, 이 일이 해볼 만하다 혹은 지금이라도 그만두는 게 맞다는 결정도 다른 사람이 내려줄 수 없습니다. 남들이 어떻게 생각하든 내가 중요하다고 생각하는 기준에 맞게 결정하고 일을 쌓아가는 것이 앞서 이야기한 '시간'을 가치 있게 쓰는 방법 중 하나이고, 무척 중요합니다.

이 기준은 라이프 사이클에 따라 달라질 수도 있어요. 예를 들어 예전의 저는 '성장과 돈'을, 지금은 '의미와 재미'를 기준으로 삼고 있습니다. 그래서 회사 생활이 10점 만점에 10점은 아니었지만 스스로 불행하다고도 생각하지 않았습니다. 당시 중요하다고 생각했던 성장과 돈이 충족되고 있었으니까요. 단, 성장이 무엇인지 돈은 어느 정도여야 좋을지 명확한 저만의 정의는 없는 상태로 '더더더'만 외치는 바람에 방황의 시간이 길었던 것 아닐까 생각합니다.

파트 1에서 이야기했던 성장, 의미, 재미, 인간관계, 워라밸, 돈 중 나에게 중요한 것을 중심으로 기준을 세울 수도 있습니다.

덜 중요한 나머지 키워드도 이 정도 포기할 수 있다, 이만큼은 절대 양보할 수 없다 등 자신만의 기준을 세우고 정의를 좁힐 수도 있습니다. '타인과 자기 자신에게 떳떳하고 싶다'는 R은 돈 없이는 홀로 설 수 없고 남에게 의지하고 싶지 않다는 마음에서 돈을, 의미 없는 일에는 가치를 느끼지 못하는 자신에게 떳떳하기 위해 의미를 택했습니다. 재미를 가장 중요하다고 꼽은 디자이너 X는 자신의 시선과 생각을 확장하는 것이 일의 재미라 정의했고, 기획자로 일하는 Q는 건강한 에너지를 주고받을 수 있는 사람, 배우고 싶은 동료를 이야기하며 인간관계를 꼽았습니다. 자신의 피 땀 눈물이 세상을 좀 더 좋은 방향으로 이끄는지로 일의 의미를 정의한 P도 있고, 나의 일을 통해 누군가가 좀 더 자기답게 혹은 소외되지 않는 삶을 살아가는 데 미치는 영향을 일의 재미로 정의한 V도 있습니다. 적당한 비움이 있어야 나도 모르게 닥쳐오는 변수를 상대할 힘이 남아 있다며 워라밸을 택한 W도 있고요.

성장, 의미, 재미, 워라밸, 인간관계, 돈. 각 단어들에 대한 정의는 이처럼 다 다를 수 있습니다. 우리는 다 다른 사람이니까요. 나는 무엇을 중요하게 생각하고, 내가 택한 키워드에 대해 어떻게 정의하고 있나요? 그것을 실현할 수 없는 곳이라면 그 회사는 나오는 것이 맞습니다. 그 투자는 그만하고 내 기준에 맞는 일, 회사로 가시는 게 맞아요. 중요한 것은 '내 기준이 있는가' '그 기준에 맞게 일하고 있는가'입니다. 우리가 힘든 건 일은 내가 하는데 다른 사람이나 사회에서 바라보는 기준과 잣대를 들이밀고 있어서 아닐까요.

높은 연봉,
스쳐갈 연봉,
씨앗이 될 연봉

"연봉을 포기하겠다는 건 아니지만 직장을 선택할 때 돈보다는 같은 시간을 투자했을 때 더 많은 기회, 더 큰 재미를 얻을 수 있는지를 가장 많이 고려했어요. 주도적으로 일할 수 있는 새로운 환경에서 실험이 잘 작동한다면 연봉은 더 올릴 기회가 있을 거라고 생각했죠."

제주맥주에 세 번째 멤버로 입사해 상장까지 이루어낸 권진주CMO(Chief Marketing Officer)의 말입니다. 그는 하이트진로에서 일하다 수제맥주 시장의 가능성을 발견하고 제주맥주로 이직했습니다. 지금의 제주맥주만 보면 코스닥에 상장도 했고 그는 상장사 임원이 됐으니 쿨한 스토리로 완성됐지만, 시작은 매우 거칠었습니다. 흔한 4대보험도, 연봉도, 회사의 존폐 여부도 무엇 하나 보장할 수 없던 상황이었죠. 그는 자기 자신을 믿었던 것 같습니다.

연봉. 일 고민을 안고 있는 많은 사람들의 가장 큰 고민거리죠. 성장, 의미, 재미, 인간관계, 워라밸, 돈 중 중요한 것, 그 정의와 기준을 세우더라도 연봉은 별개로 느껴지는 것 같습니다. 일하며 내 가치에 맞는 연봉을 받고 싶은 건 당연하고, 이왕이면 좀 적게 일하고 연봉을 많이 받았으면 좋겠다는 생각도 하잖아요. 한번 떨어진 연봉은 다시 오르기 힘들다는 루머가 사실인 것처럼 인식되기도 하고요. 미래에 대한 불확실성이 커질수록 안정된 연봉과 삶에 대한 욕구는 더 커질 것 같습니다. '안전한' 울타리 안에 머물 수 있는 시간이 상대적으로 길어 보이는 직장에 대한 수요도 앞으로 더 커질 테고요. 자신의 안전지대(comfort zone)를 벗어날 용기를 내기란 좀처럼 쉽지 않죠.

고민이 되는 건 당연합니다. 시대적 불안정성과 불확실성이 커질수록 안정적인 걸 잡고 싶은 게 당연합니다. 용기나 열정의 문제도 아닙니다. 당연히 할 수 있는 고민이고요. 이런 고민을 하는 와중에도 좋아하는 일에 한발 다가서고 싶다면 "미쳤냐" "회사는 다 똑같다"고 조언(?)하는 사람은 당분간 만나지 마세요. 아무리 굳건한 멘탈을 갖고 있더라도 조언을 가장한 불안을 들으면 흔들리는 게 사람의 당연한 마음이니까요.

냉정히 말하자면 어떤 회사도 당신을 지켜주는 완벽한 울타리는 될 수 없습니다. 그게 진짜 현실이에요. 오래 근속할 수 있는 회사가 당장은 안전해 보여도, 사실은 울타리가 무너지지 않도록 온 신경을 써야 할 수도 있어요. 세상의 변화보다 내부 이슈에만 신경 쓰게 되니 자연히 사내 정치에 힘을 쏟게 되고, 그 사이 내 실력은 무뎌집니다. 그땐 회사를 나오더라도 아무것도 할 수 없고요. 이미 우리 주변에서 이런 사례를 많이 볼 수 있습니다. 그렇게 되지 않으려면 어떤 곳에 있더라도 나를 지키는 건 회사가 아니라 나 자신임을 기억해야 합니다. 회사 명함이 아닌 나로서 내 일을 설명할 수 있어야 하고요.

앞으로 빠른 속도로 더 많은 변화를 마주할 것입니다. 규모가 큰 회사에서 작은 회사로의 이동이 아니라 변화가 적은 곳에서 많은 곳으로의 이동이 활발해질 것이고, 간판과 스펙보다 진짜 문제를 해결해본 경험이 훨씬 더 중요해질 것입니다. 이런 시대를 살아가는 우리에게 중요한 것은 당장 통장에 찍히는 연봉, 숫자가 아니라 새로운 기회입니다. 그 기회를 통해 쌓아올린 내 실력이 나를 지켜줄 수 있어요. 변화와 기회, 그를 통한 경험을 얼마나 많이 해봤는지, 그것을 통해 얼마나 성장하고 있는지, 내가 좀 더 나은 사람이 되고 있는지, 내가 느끼는 일의 재미는 무엇인지가 지금 우리가 집중해야 할 '투자' 아닐까요.

이기는 싸움의 중심은
언제나 나여야 한다

이 일을 그만둘지 계속할지 결정할 때, 지금까지 이야기한 '이성적이고 논리적인' 질문보다 더 중요한 것이 있습니다. 바로 '내 마음'입니다. 아무리 이성적으로 따져보고 또 따져봐도 마음이 따라주지 않는 일들이 있잖아요. 머리로는 아니라고 하는데 자꾸 마음이 가는 일이 있고요. 어떤 논리와 이성으로도 못 이기는 일이 있고, 노력해서 안 되는 일이 있다고도 생각합니다. 제가 그랬거든요. 아무리 남들 눈에 좋아도 내가 하기 싫은 일이 있고, 노력하고 싶지 않을 때가 있다는 것을 알게 됐어요.

마지막 직장에 다닐 때 저는 '회사 다니기 싫어병'에 걸린 적이 있습니다. 트레이딩 업무를 맡은 지 1년 정도 지났을 때였어요. 주식이나 주식 선물, 옵션을 트레이딩할 때 회사의 이익과 손실에 영향을 미치는 게 너무 부담스럽더라고요. 이 일을 하고 싶어 하는 사람이 많고 연봉과 인센티브가 높아도, 연 5,000만 원 이상의 사용료를 지불하며 자본 시장과 관련된 데이터를 마음껏 볼 수 있는 블룸버그를 옆에 끼고 회사에서 영어 공부하며 일한다고 부러워해도, 저는 괴롭기만 했습니다. 지금 생각해보면 제이피모건이라는 큰 회사가 저 때문에 망할 일은 없을 텐데 왜 그렇게까지 쫄보였나 싶지만, 매일 심장마비 걸리는 기분이었어요. 심장마비 걸려 죽지 않으려면 전날 미국 주식 시장은 어땠는지, 중국이나 홍콩 시장은 어떤지 관심을 갖고 매일 공부하면 됐을 텐데 그렇게까지는 못하겠더라고요. 도무지 흥미가 생기지 않았어요. 노력해서 될 일이 있고 안 될 일이 있다고 생각했던 것 같습니다. 다 핑계일지도 모르죠.

그런데요, 핑계면 어떻고 정신승리면 어떤가요. 그때 그 일을 억지로 버티며 했으면, 진짜 내 마음이 가는 일이 무엇인지 고민하지 않았으면, 지금의 저는 없었을 텐데요.

커리어를 고민하며 저를 찾아오는 분들은 핑계, 정신승리를 극도로 경계하곤 합니다. 사실상 '자아실현 욕구'가 크죠. "회사에서 일하며 무슨 자아실현이야, 자아는 퇴근하고 찾아"라는 말보다 어차피 하는 일인데 재미있게, 일을 통해 자아를 찾고, 잘하고 싶은 사람들이 많아요. 그렇다 보니 일에 대한 '책임감'이 너무 강하다는 단점을 필수로(?!) 동반하고 있고요.

유니콘 스타트업으로 이직해 1년쯤 다닌 10년차 기획자 S는 '역시 못 버티고 나가는구나' '다 망쳐놓고 나가네' 같은 비난을 받을까 봐 버티고 있었습니다. 하루하루 살얼음판을 걷는 것 같고, 오늘은 또 무슨 일이 생길지 두려워 노트북 켜는 것조차 힘들고, 기획서를 쓰다 갑자기 멍해질 때도 있다면서요. 그는 맛집을 키우며 이직도 몇 번 하고 그동안 잘해왔는데 이런 경우가 처음이라 당황스럽다고 했습니다. 입사 전에는 미처 몰랐던, 회사 밖에는 알려지지 않은, 실패가 누적된 조직의 공기가 그를 무겁게 짓누르고 있었습니다.

전략컨설팅 회사에서 일하는 4년차 Y도 버티고 있었습니다. 이명이 계속되고 풍도 왔는데 이런 직업병은 다들 겪는 것 아닌가, 왠지 낙오자가 되는 기분이었대요. 건강은 나빠지는데 '지금 하는 프로젝트까지는 끝내야지' 하다 보니 일이 계속 이어지고 있는 상태였습니다. 다행히 '이렇게 지속할 수는 없을 것 같다'는 막연한 마음을 누군가와 이야기하고 싶었다며 찾아왔고요.

우선 기획자 S에게는 성과가 잘 안나오는 상황은 그의 탓이라고만 할 수 없고, 누가 뭐라든 나를 힘들게 하는 사람들은 안 보면 그만, 일단 자신을 돌보는 게 먼저라고 이야기했습니다. Y도 마찬가지였어요. 스트레스 강도가 높은 일을 하다 보면 별별 병을 다 겪게 되지만 그게 당연한 것은 아니니까요. 그렇게까지 나를 혹사시키면서 할 일인지, 그 길의 끝에는 무엇이 있을지, 이것이 진정 나를 위한 길인지 생각해보는 것이 먼저죠.

너무 힘들고 괴로운데 버텨보려는 분들, 주어진 일을 어떻게든 해내고 인정받아야 한다고 생각하는 사람들이 정말 많죠. 저 역시 그런 사람 중 한 명이라 어떻게든 해내려는 열정과 끈기는 동의하고, 늘 응원합니다. 그럼에도 그런 사람들을 멈춰 세울 때가 있어요. 방향 없는 혹은 자신이 동의할 수 없는 방향으로 가고 있는데도 갈아 넣고 있을 때가 그렇습니다. 그건 어떠한 핑계를 대서도 안 됩니다. 방법이 다른 거라고요? 드넓은 도로에 나타난 잠깐 힘든 구간이라고요? 아닙니다. 어떤 경우에도 나를 다치게 하는 건 명백히 틀린 거예요.

잘못된 방향으로 전력 질주하면 나중엔 더 한참 돌아와야 해요. 더 멀리 가기 전에 자신에게 물어봐야 하는 이유이기도 하죠. 이 회사를 계속 다녀야 할지 지금이라도 그만두고 다른 회사로 가야할지 고민하던 A에게도, 그의 마음부터 물었습니다. "그런데, 가장 하고 싶은 일은 무엇인가요? 원래 어떤 일이 하고 싶었나요?" 한참 생각하던 A는 "PD가 되는 것이 꿈이었어요. 꼭 마지막 면접에서 안 되더라고요. 언제까지 그 일만 바라보고 있을 수는 없어서 취업을 준비했고요. 벌써 6년차가 됐지만, 작년까지도 회사 모르게 PD가 되기 위해 준비했고, 면접을 본 회사도 있어요. 사이드 프로젝트로 영상 만드는 일도 계속하고 있고요. 크레딧에 제 이름이 들어가는 것이 좋고, 사람들이 재미있게 그 콘텐츠를 보는 것도 너무 뿌듯할 것 같아요"라고 자신의 진짜 이야기를 들려주더군요.

여기까지 들으니 A가 무엇을 해야 할지 분명해졌습니다. A

에게 본인의 아이디어나 스토리, 콘텐츠로 승부를 보고 싶다면 그곳에서 무작정 버티기보다 하고 싶은 일을 할 수 있는 곳을 좀 더 적극적으로 탐색해보고 기업을 분석해보라고 조언했습니다. 예를 들면 콘텐츠를 중심으로 회사의 이익을 창출하고 있는 회사, 티빙이나 웨이브 같은 OTT 회사들이나 네이버웹툰, 카카오페이지 등 콘텐츠 회사 혹은 SM이나 하이브 같은 엔터테인먼트 회사들을 생각해볼 수 있죠.

토스나 우아한형제들, 오늘의집처럼 회사의 핵심 비즈니스는 아니더라도 콘텐츠의 영향력을 중시하는 곳들을 리서치해볼 것도 권했습니다. 꼭 이 회사들이 아니라도 새로운 형식으로 콘텐츠를 활용하는 곳들을 알아보고 일터를 옮기는 것이 그가 잘해내고 싶은 일과 가까워지는 방법이었습니다.

핑계든, 정신승리든, 비논리적이든, 허무맹랑하든 '내 마음'이 그렇다면 그 마음을 따라주세요. 그 마음이 힘을 받을 수 있는 현실은 분명 존재합니다. 나를 갉아먹으면서까지, 버티고 참아내려 애쓸 필요 없어요. 지금 그 회사에서 나와도 안 죽어요. 회사가 별것인가요. 돈은 어떻게든 벌 수 있습니다. 이기는 싸움을 하세요. 이기려면 누가 뭐라든 제일 소중한 사람은 나 자신이고, 언제든 내가 먼저입니다.

PART

3

탐색 :
복지보다
일하는 환경

나만의 노력으로 안 되는 일에 '회사'가
있습니다. 내가 회사를 선택하는 게 아니라
나를 선택해주는 회사에 다니기 시작하며
해야 하는 일을 하기 바빴죠. 회사에 대한
많은 정보가 공개되어 있는 세상이지만
어떤 정보가 진짜 유용하고 무엇을
들여다봐야 하는지 선별해내는 안목을
우리는 한번도 배운 적이 없습니다.
회사 탓만 하자는 것은 아니지만,
일터의 환경은 나의 일하는 재미와 성장,
의미를 넘어 삶에까지 정말 많은 영향을
미칩니다. 일하는 방식도 다양하고 일터의
환경도 각양각색인 세상에서, 내 일과 삶의
주도권을 잡고 행복하게 일할 수 있는 일터를
찾기 위한 질문과 안목이 필요합니다.

나는 어떤 환경에서
더 몰입하고 성장할 수 있나요?

- [ ] 아침에 일어나 나를 출근하도록 만드는 것은 무엇인가요? 반대로 출근하기 싫게 만드는 것은 무엇인가요?

- [ ] 어떤 일을 할 때 가장 즐겁고 행복했는지 회상해봅니다. 내가 물 만난 고기처럼 신나게 일했던 때를 떠올려보세요. 그런 기억이 없다면, 회사에서 벗어나 더 예전으로 돌아가도 좋습니다. 그 일이 왜 나를 즐겁게 했나요?

- [ ] 그 경험을 지속하기 위해서 무엇이 필요한가요, 일터의 환경과 나의 관점에서 어떤 것들이 충족되어야 할까요?

- [ ] 앞으로 나에게 어떤 일 경험이 필요한가요?

- [ ] 나에게 필요한 일 경험을 가장 잘하려면 일터의 환경에 어떤 것들이 충족되어야 할까요?

- [ ] 회사의 성장성, 비즈니스 모델, 조직 문화, 리더, 비전과 미션, 제품, 일하는 방식 중에 무엇이 가장 중요한가요?

- [ ] 중요하다고 생각한 항목을 실제 무엇을 통해 확인해봤나요? 예를 들어 성장성이 중요하다면 재무제표는 확인해봤나요?

- [ ] 내가 일하는 회사의 비즈니스 모델은 무엇인가요? 무엇으로 돈을 벌고 어디에 비용이 나가고 있으며 주력 상품은 무엇이고 고객은 누구인가요?

- [ ] 나의 일은 회사의 핵심 비즈니스 모델에 어떻게 영향을 미치고 있나요?

'물 만난 고기'는
자신의 환경을 찾아간다

이직을 고민하는 사람들에게 꼭 건네는 첫 질문은 "자신에게 어떤 일 경험이 필요하다고 생각하나요? 어떤 환경에서 가장 잘해볼 수 있다고 생각하세요?"입니다. 이 질문에서부터 많은 사람들의 말문이 막힙니다. 나에게 맞는 일터에서 '물 만난 고기'처럼 신나게 일하고 싶다면 내가 그 일터에서 무엇을 하고 싶은지 정의하는 것도 필요하기 때문이죠. 단순히 연봉을 높이는 것 말고, 지금보다 조건이 더 좋아지는 것 말고, 어떤 일 경험을 하고 싶나요? 그 경험들을 어떻게 자신만의 일 자산으로 만들 수 있나요?

개발자 15년차인 P에게도 이 질문을 던졌습니다. 그는 네카라쿠배 중 한 곳으로 이직한 지 1년 정도 됐다고 했습니다. 개발업계에서 아니, 업계를 망라해 직장인이라면 한 번쯤 입사를 꿈꿀 회사에서도 이런 고민을 하는 P를 이해할 수 없는 사람도 있겠죠. 그런 사람에게도 질문하고 싶습니다. 남들이 좋다고 하는 그 회사들의 어떤 지점이 자신에게 좋다고 생각하는지요. 그곳에서 어떤 일 경험을 하고, 어떤 자산을 쌓을 것이라고 기대하나요. 단순히 연봉이 높아서, 고객이 많으니까 망하지 않을 것 같아서 등 회사에 무게 중심을 두고 있지는 않은가요.

P도 누구나 부러워하는 회사라는 것을 알고 있었지만, 생각했던 것과 달리 일상적이고 틀에 박힌 업무 때문에 좀 더 새로운

경험을 할 수 있는 곳으로 움직여야 할지 고민하고 있었습니다. 무게 중심을 좀 더 자신에게 옮길 필요가 있었죠.

그는 곰곰이 생각하다 "더 이상 누군가에게 보고하는 것이 아니라 제가 리더로 일하는 경험, 24시간 돌아가는 서비스를 빠르게 성장시키는 경험, 저와 동떨어진 상품이 아니라 제가 바로 고객인, 저에게 딱 필요한 서비스를 만드는 경험, 저와 같은 상황인 다른 사람들의 문제를 해결하며 긍정적인 영향을 미칠 수 있는 서비스를 만드는 경험을 하고 싶어요"라고 답했습니다.

자신이 원하는 일 경험이 분명해지면서 이직을 알아보던 네 개 회사 중 두 개는 자연스럽게 제외할 수 있었습니다. 한 곳에는 이미 CTO(Chief Technology Officer)가 있었고, 다른 곳은 중고등학생을 대상으로 AI학습 알고리즘을 만드는 곳이라 그가 직접적인 고객이 될 일은 없었거든요. 남은 두 회사는 조건만 놓고 보면 우열을 가리기 힘들었습니다.

회사의 대표에게 커피챗을 요청해보라고 권했습니다. 왜 자신을 필요로 하는지, 어떤 문제를 해결해가고 싶은지 한번 대화해보자고요. 그리고 투자자들에게 가장 도전받는 질문은 무엇인지, 회사는 지금 어떤 것을 고민하고 있는지 솔직하게 이야기 나눌 수도 있고요. 다른 C레벨이나 함께 일할 주니어 개발자들도 만나보는 것도 좋고요. P는 아직 입사도 안 했는데 왜 이런 것까지 묻냐며 불쾌해하지 않을까 걱정했습니다.

불쾌해하면 그 회사에 안 가면 됩니다. 지금 다니는 회사를 계속 다니면 되죠. 자신감을 발휘해야 할 때도 있는 법입니다. P는 이 과정을 통해 자신에게 잘 맞는 회사로 이직했습니다. 예상대로 한 회사는 '뭐, 이런 것까지'라고 반응했고, 다른 한 회사는 어떤 문제를 해결하고 싶은지 왜 이 일을 하는지 등을 자세히 공유했습니다. 어떤 회사를 택했는지는 말 안 해도 아시겠죠.

자신감을 발휘해 회사에 질문하는 것, 연차가 높은 사람만 할 수 있는 일이 아닙니다. 이번에는 저의 이야기예요. 저의 두 번째 직장은 증권사였는데요, 입사 전 한 시중은행 경력 공채에도 합격한 상황이었습니다. 주변에서는 '여자는 은행이 최고'라고들 했지만 과연 나에게 맞을지 고민하며 두 회사 인사 부서에 이메일을 보냈습니다. 어떤 이유로 어떤 부서에서 뽑았고 무슨 일을 하게 될지 궁금하다고요.

은행은 '어떤 부서에서 뽑았는지, 무슨 일을 하게 될지 알 수 없다, 일단 입사 후 몇 달간 연수를 받은 다음에 알게 되니 일단 오라'는 내용의 답장을 주었습니다. 약간 과장을 보태면 '뭐 이런 걸 묻는 애가 다 있어'라는 반응이었던 것 같네요. 증권사의 반응은 정반대였습니다. 채용 부서의 부서장님이 그 팀의 막내

직원과 함께 저녁식사 자리를 마련하셨어요. 팀에서는 어떤 일을 하고 있고, 앞으로 저에게 기대하는 것은 무엇인지 한참 이야기해주시던 기억이 아직도 인상적으로 남아 있습니다. 결국 저는 증권사에서 일하게 되었고요. '누군가 짜놓은 거대한 판 안에서 수동적으로 움직이는 것보다 주도적으로 새로운 것들을 만들어가고 싶다'는 막연한 바람이 담긴 질문에 성의 있게 답해주신 부서장님 덕분에 정말 그 일을 할 수 있는 일터라고 판단했기 때문입니다.

아마도 그 이메일을 보내지 않았다면 주변 대부분의 사람들이 했던 조언에 따라 은행을 갔을지도 모르겠네요. 가보지 않은 길이라 잘 모르겠지만 기질상 그렇게 오래 다녔을 것 같지는 않고요.

물 만난 고기처럼 '내 세상이다'라며 일하고 싶다면, 어디가 잘 맞는지 확실히 알기 위해서는, 스스로 '적극적인 선택'을 하는 수밖에 없습니다. 나에게 잘 맞는 것이 무엇인지 남들이 알려주길 기대한다면, 다른 사람들이 만들어놓은 일직선의 길을 맹목적으로 따라갔다가 잘못된 목적지에 도달하고 말 위험이 있기 때문이죠. 먼저 나는 어떤 일을 하고 싶은지, 나와 잘 맞는 성향의 조직은 어떠한지, 나는 어떤 종류의 일을 잘해낼 수 있는지

면밀히 따지고 또 따져보세요. 혼자서만 따져서 잘 모르겠을 땐, 묻고 확인해보세요. 내 일의 주도권을 내가 가지려면, 자신감을 갖고 내가 좀 더 적극적으로 움직여야 합니다.

그 회사의
진짜 평판을 찾는 법

"회사의 성장성, 비즈니스 모델, 조직 문화, 비전과 미션, 리더십 등 여러 가지 일터의 조건 중 내가 가장 중요하게 생각하는 것은 무엇인가요? 왜 그것을 고르셨나요? 그것을 어떻게 확인해봤어요?"

이런 질문 받아본 적 있나요. 조직 문화가 화두가 된 최근에는 이런 질문과 이야기가 낯설지 않은 사람도 있지만, 여전히 낯설어하는 사람이 많습니다. 커리어 초반에는 더욱 생각해볼 기회가 없는 주제고요. 나에게 잘 맞는 일터의 환경을 분석하기 위해서 나는 일터의 조건 중 무엇을 중요하게 생각하는지 내 기준을 먼저 갖고 있어야 합니다. 그리고 내가 일하는 혹은 일하고자 하는 일터가 이 기준에 맞는지 리서치하는 과정도 반드시 필요합니다.

커리어 액셀러레이터로 일하며 최근 저는 한 디지털 헬스케어 스타트업의 CSO 일을 병행하기 시작했습니다. 뇌도, 몸도, 마음도 두 개씩 있으면 좋겠다는 마음이 들 정도로 바쁜 시간을 쪼개서 하는 일이고, 그렇기 때문에 스스로 중요하게 생각하는 가치와 그 회사의 가치, 저와 회사의 방향성이 얼마나 일치하는지 파악하는 데 시간과 노력을 들였습니다. 결과적으로 그 시간과 노력이 결코 헛되지 않았음을 실감했고요.

저는 일의 의미와 재미를 중요하게 생각합니다. 스스로 정의한 일의 의미란, 다른 사람들에게 긍정적인 영향을 미치고 행동의 변화를 이끌어내는 것이고요. 일의 재미는 새로움을 발견하는 것입니다.

그래서 이 스타트업 구성원에게도 끊임없이 질문했습니다. 회사의 비전과 미션이 무엇인지, 창업자는 이 일을 왜 하는지, 왜 창업의 길을 선택했는지, 무엇을 다르게 하고 싶은지, 좋은 조직 문화는 무엇이라 생각하는지, 어떤 임팩트를 만들고 싶은지, 제가 어떤 역할을 함께하길 기대하는지, 그 일이 저에게 얼마나 새로울 수 있을지 등 2주에 한 번씩 만나며 계속 이야기 나누었습니다. 제가 작년 하반기에 가장 많이, 자주 만난 사람이 이 회사의 대표였을 정도로요.

'당신이니까 가능했지, 나라면 가능할까?'라고 생각할지도 모르겠네요. 여기서 포인트는 어떤 포지션의 누구를 만났는지가 아닙니다. 태도와 관점이 중요해요. 제게 일이란 나의 시간을 투자하는 것이니만큼 한정된 시간을 함부로 투자하고 싶지 않았고, 일을 잘해내고 싶으니 제가 중요하게 생각하는 가치와 기준이 회사에서도 잘 작동할지 알고 싶었습니다. 물론 일해보기 전에 100퍼센트 완벽하게 다 알 수는 없죠. 그러나 이런 시도를 하는 것과 하지 않는 것의 차이는 큽니다. 나는 일과 회사에 대해 무엇을 중요하게 생각하는지 기준을 세우고 그 기준을 확인하는 질문을 통해 답을 얻는 과정들이 결국 중요한 차이를 만들어 낸다고 생각합니다.

얼마 전 커리어 코칭 일대일 세션에 온 R은 세 개의 회사에서 오퍼를 받은 상황이었습니다. 대기업, 외국계, 유니콘 스타트업까지 골고루 오퍼를 받는 바람에 고려해야 할 점도 많아 보였습니다. 그리고 R이 만들어온 자료를 보니 행복한 고민을 하고 있다는 사실도 단박에 알 수 있었습니다. 회사들을 분석한 엑셀 파일에는 회사의 미션, 최근 1년, 3년간의 주가, 임직원 수 변화 추이, 그 회사에서 자신이 하게 될 일, 인터뷰에서 받은 질문, 인터뷰 질문으로 미루어보아 추측할 수 있는 동료들의 일하는 수준과 조직 문화 등이 빼곡히 정리되어 있었습니다. 이것만 봐도 누구라도 뽑고 싶은, 어딜 가도 잘해낼 사람이었어요.

고민 끝에 한 회사로 결정하고 마음의 준비를 하고 있었는데, 그 회사가 R을 채용하기 전해에 꽤 많은 구성원들을 정리해고 했다는 것을 알게 됐습니다. 이 회사로 이직하는 게 맞을지 고민하게 되는 상황이었죠. 밑져야 본전이니 혼자 가늠하고 추측하며 시간 보내지 말고 그 회사의 HR헤드와 투자자에게 이메

일을 보내 '물어보자'고 조언했습니다. HR헤드에게는 어쩌다 이런 일이 발생했는지, 앞으로 회사의 방침 등을 질문했고, 그 회사에 투자한 투자자에게는 왜 이 회사에 투자했는지, 어떤 부분에서 매력적이라 생각했는지 솔직히 알려줄 수 있냐고 이메일을 보냈습니다. 답이 왔을까요? 네, 양쪽 모두에게 답장을 받았습니다. R은 이 회사에서 행복하게 일하고 있고요.

자동차를 구매한다고 가정해볼까요. 브랜드별로 차종별로 다양한 기능과 가격, 옵션 등 가능한 한 많은 정보를 얻기 위해 고군분투하겠지요. 유튜브도 보고 구글링도 하고 커뮤니티도 가입하고요. 자동차뿐 아니라 나에게 중요한 무언가를 구매할 때 우리는 온갖 것을 따져보고 때로는 공부도 하며 비교 분석합니다. 하지만 내가 지금 하는 일, 회사에 대해서는 얼마나 알아보고 질문해봤나요.

지금 한번 점검해보세요. 나는 회사의 무엇을 중요하게 생각하는지, 내가 일하는 일터의 환경은 어떤지, 나는 어떤 환경에서 일을 잘할 수 있는 사람인지 분석해보고, 필요하다면 적극적으로 질문해보세요. 블라인드나 잡플래닛에서 다른 사람들이 쓴 회사 평가들을 볼 시간에 내가 중요하게 생각하는 일터의 조건을 생각해보고, 그것을 직접 조사해야 합니다. 회사의 재무제표와 비즈니스 모델을 살펴보고, 내가 하는 일이 이 조직에서 얼마나 중요한지, 어떤 영향력을 가질 수 있을지 가늠해보는 것이 훨씬 더 중요해요.

두 회사 중
하나를 고를 땐,
핵심 경쟁력

우리 잠시, 투자자의 렌즈를 끼고 한번 생각해볼까요. 요즘 ESG(Environmental, Social, and Corporate governance)나 지속가능 경영 등 여러 화두가 떠오르고 있지만, 모든 회사의 기본이자 본질은 이익을 내야 한다는 것입니다. 이익을 내지 못하는 회사, 즉 돈을 벌지 못하는 회사는 살아남을 수 없어요. 냉정하지만 비즈니스 세계의 현실이 그렇습니다. 일단 살아남아야 하고 싶은 일도 할 수 있습니다.

회사의 전략과 그 회사가 속한, 앞으로 속할 산업을 살펴보는 게 중요한 이유이기도 합니다. 같은 일을 해도 어떤 환경에서 할 때 내가 하는 일의 임팩트가 더 커질지 판단해보는 것이죠. 일터의 산업 사이클이 우상향하는지 하향하는지, 회사는 돈을 어떻게 버는지, 비용은 어디서 발생하는지, 이 회사가 잘되려면 핵심이 무엇인지, 그 핵심 경쟁력을 가지고 있는지 회사의 비즈니스 모델을 파악하는 작업은 나와 잘 맞는 일터인지, 내가 하는 일의 의미를 돌아볼 때 아주 유용합니다.

구체적인 방법을 알려드릴게요. 두 회사 중 하나를 선택해야 하는 상황이라면 이 순서대로 따라해보세요.

가장 먼저 그 회사들이 상장사라면 주가를 확인합니다. 최근 1년, 3년 주가를 보면 회사의 추이를 어느 정도 유추할 수 있습니다. 주가가 실적을 그대로 반영하진 않지만 투자자들의 기대를 반영하는 것은 사실이라 주가가 줄줄 우하향하는 회사는 다시 생각해야 합니다. (단, 우리나라 주식 시장은 종목 간 상관관계가 높아서 주식 시장이 전반적으로 폭락할 때는 이 방법이 별로 유효하지 않습니다.)

그다음 그 회사가 핵심 분야에서 경쟁력을 갖고 있는지 파악합니다. 규모는 별로 중요하지 않아요. 이제 막 시작한 스타트업이라도 그 비즈니스를 해나가는 데 핵심 경쟁력을 갖고 있다면 승산이 있고, 반대로 다른 회사 비즈니스를 베끼기 급급한 회사라면 한번 생각해봐야 합니다. 블루오션, 레드오션의 개념과는 좀 다릅니다. 저는 이 세상에 아무도 해보지 않은 진짜 새로운 것은 진짜 찾기 어렵다고 생각하거든요. 경쟁이 치열한가 아닌가의 문제보다, 그 일을 해나가는 데 필요한 핵심 경쟁력을 갖고 있는지 아닌지가 더 중요하죠.

이와 연결해 리더가 누구인지도 봅니다. 리더는 이 일을 왜 하는지, 해당 카테고리에 전문성이 있는지, 변화가 빠른 세상에서 어떻게 상황을 파악하고 해결해나가는지 등을 살펴보는 거죠.

마지막으로, 그 회사의 비즈니스 모델 안에서 내가 하게 될 직무는 어떤 역할을 하는지, 다른 직무와 어떤 영향을 주고받게 될지 가늠하는 과정을 거쳐야 합니다.

6년차 데이터 분석가 T는 웹툰 회사와 게임 회사 중 어디로 가야 할지 고민하고 있었습니다. 객관적인 비즈니스 구조와 팩트만 놓고 봤을 때는 웹툰 회사보다 게임 회사가 더 나아 보였습니다. 웹툰 회사의 핵심은 말 그대로 재미있는 웹툰이고, 그 웹툰을 잘 공급할 수 있는 작가풀을 갖추었는지가 중요할 텐데요. 사실 그 회사는 네이버웹툰과 카카오페이지를 그대로 카피하고 있었습니다. 대형사와 비교해 차별점이 전혀 보이지 않았습니다.

게임 회사는 약간 달랐습니다. 시장에서 성공한 게임이 있었습니다. 즉 재미있는 게임을 어떻게 만들고 유통해야 하는지 경험이 쌓인 조직이었고, 후속작을 고민하고 있는 상황이었어요. 또한 게임 회사는 데이터분석 업무를 하는 구성원이 본부 단위로 있는 상황이라 동료로부터 자극받을 수 있는 점도 장점으로 작용했습니다.

꼭 한번 회사를 분석해보세요. 우리 회사는 핵심 경쟁력을 갖고 있는지, 내가 하는 일은 그 핵심과 어떤 상관관계가 있는지, 어떻게 영향을 주고받고 있는지를요. 이 구조를 보면서 일하는 사람은 당연히 일도 더 잘할 수 있을 겁니다.

내가 몸담은 회사가 망하지 않아야 하는 건 당연한 바람이겠지요. 여기서 한걸음 더 나아가 잘되고 성장하는 회사에서 일해야 나도 더 훨훨 날아다니며 더 많은 기회들을 갖게 된다는 진실까지 바라보세요.

물 만난 고기처럼 일하고 싶다면
조직 안에서 나는 어떤 일을 하는지
조직은 어떤 분위기인지
조직은 무엇을 잘해낼 수 있는지 따져보세요.
내 일의 주도권을 가지려면
내가 적극적으로 묻고, 선택해야 합니다.

동료가 복지?! 나는 동료의 복지일까

회사의 핵심 경쟁력과 비즈니스 모델을 보라는 말을 그 회사가 얼마나 안정적인가 하는 맥락으로 이해하는 사람들이 종종 있습니다. 비즈니스 모델이 얼마나 탄탄한지, 오래갈지, 가늘고 길게 갈지처럼요. 하지만 핵심 경쟁력은 '영원불멸'한 것이 아닙니다. 사회 환경이 변화함에 따라 달라질 수 있고, 달라져야만 하는 것이기도 합니다. 급격한 환경 변화에 유연하게 대응하며 비즈니스 모델은 어떻게 달라져야 하는지, 우리만의 핵심 경쟁력은 무엇이 되어야 할지를 치열하게 고민하고 빠르게 실행하는 조직만이 살아남을 수 있습니다.

변화에 유연히 대응하고 빠르게 실행하는 조직인지 알아보려면 그 회사의 리더와 동료들을 살펴봐야 합니다. 단순히 보면 회사는 개인 구성원의 합이지만, '1+1'이 2가 아니라 '무한대'가 되는 변화는 결국 '사람'이 만들어가니까요. 일 자체가 어려울 때도 있지만, 일터에서 우리를 힘들게 하는 대부분의 이유는 조직 문화와 사람에 있습니다. 내가 조금 부족해도 동료들 덕분에 도전할 수 있고, 도전에 의의를 두며, 서로가 서로에게 발전적이고 긍정적인 방향으로 피드백을 주고받을 수 있는지 등은 나 자신은 물론 조직의 성장에도 큰 영향을 미칩니다.

어떤 선장이 이끄는가에 따라 배는 좌초할 수도, 더 빠르게 나아갈 수도 있습니다. 그래서 내가 누구와 함께 일할 때 시너지가 나는지 고민하면서 가장 먼저 확인해야 하는 대상이 '리더'이기도 하고요. 우리 조직의 리더는 어떤 사람인지, 그는 왜 이 일을 하는지, 우리 조직을 어떤 조직으로 만들어가고 싶은지 등 비전이 있는지 되짚어보세요. 분기마다 혹은 반기마다 이뤄지는 성과 리뷰 때 직접 물어볼 수도 있겠죠. '우리 조직장한테 어떻게 이런 질문을 해, 큰일나려고'라는 생각부터 든다면, 내가 그 안에서 성장할 수 있는지 계속 있어도 될지 돌아보면 좋겠습니다. 반대로 이 글을 읽고 있는 사람이 리더의 포지션이라면, 나는 이 질문에 답할 수 있는지, 구성원에게 어떤 메시지를 주고 있는지 살펴보면 좋겠습니다. 취업 준비생이라면 면접장에서 "마지막으로 하고 싶은 말 있나요?"라는 말에 역으로 질문을 던져볼 수도 있을 겁니다.

리더가 모든 것을 다 알아야 한다거나, 해당 분야에 전문성이 있어야 한다고는 생각하지 않습니다. 리더 역시 빠른 변화 앞에서 무엇을 어떻게 해야 하는지 당황스러울 수 있어요. 다만, 얼마나 변화에 열려 있는지, 우리 조직에서 누가 어떤 일을 잘하는지 파악하고 권한을 위임할 수 있는지, 우리 조직은 이 일을 왜 하는지 등 명확한 방향성을 갖고 있는지 아닌지는 아주 중요한 문제입니다.

물 만난 고기처럼 일할 수 있는 좋은 환경에 대해 질문할 때 빠지지 않고 나오는 이야기가 조직 문화 혹은 인간관계인데요, 조직 문화에 영향을 미치는 결정타는 리더의 철학과 비전입니다. 일례로 저는 스타트업과 협업할 때 가장 먼저 그 회사의 대표가 어떤 사람인지 확인합니다. 대표의 성향은 조직 문화에 영향을 미치고, 그에 따라 서비스의 진정성과 성패도 달라진다고 생각하기 때문입니다. 인터뷰나 동영상은 당연히 다 보고, SNS를 3~4년치 다 읽어보면서 리서치를 정말 꼼꼼하게 합니다. 어떤 글을 쓰고 누가 댓글을 남기고 반응은 어떤지, 어디서 이 회사에 투자했고 투자사 대표나 심사역은 누구인지 등을 다 점검해요. 이렇게 하면서 상대방의 '진정성'을 데이터로 확인하는 것이죠.

리더만큼이나 동료도 중요합니다. 일하는 상대나 동료, 팀, 조직을 항상 나의 자유의지로 선택할 수는 없겠죠. 하지만 내가 어떤 사람들과 일할 때 시너지가 나는지, 더 잘할 수 있는지, 나의 강점을 이 팀에서 어떻게 발휘하는 것이 가장 좋을지 알고 있는 것과 모르는 것은 하늘과 땅 차이입니다.

예를 들어 저는 실행이 빠르고 추진력이 강한 편인데요, 그에 비해 디테일을 꼼꼼히 챙기는 일, 운영의 묘를 살리는 일은 참 못해요. 이 관점에서 일을 시작할 때는 발화점을 빠르게 당겨 줄 수 있는 사람과 함께하고, 일이 서서히 진행될 때는 나의 약 점을 메워줄 사람들과 함께하려고 노력합니다. 실행이 빠르고 추진력이 강한 사람들끼리만 모여서는 절대 일이 진행되지 않 거든요. 이런 유형의 사람들이 꼼꼼히 살펴보지 못하는 구멍을 세심히 발견해내고, 어떻게 채울 수 있는지 고민하는 사람과 함 께할 때 일이 '됩니다.'

나는 어떤 성향인가요? 어떤 동료들과 함께할 때 일이 '되 게' 만들 수 있나요. 어느 때보다 변화가 빠른 세상에서 어떤 조 직에 있든 어떤 방식으로 일하든 결국 누군가로부터 '주어지는 일'이 아니라 내가 주도적으로 '만들어가야 하는 일'로 바뀌어갈 텐데요. 함께 일할 때 시너지가 나는 팀, 강력한 팀에 속하고 싶 다면, '최고의 복지는 동료'라는 말을 부러워하기보다 그 팀을 내 가 만들어가려면 어떻게 해야 할지, 지금부터 다져가면 어떨까 요. 차근히, 하지만 냉정하게 한번 점검해보면 좋겠습니다.

얼마나 변화에 열려 있는지
누가 어떤 일을 잘하는지 파악하고
권한을 위임할 수 있는지
왜 이 일을 하는지
명확한 방향성을 갖고 함께 하는
리더와 동료가 필요합니다.

시장에서
정면승부해봐야 한다

유통 대기업에서 DT(Digital Transformation) 업무를 하고 있는 W가 이 조직에 더 있어야 할지 이직을 본격적으로 알아봐야 할지 고민이라며 찾아왔습니다.

"생각해보니 저는 회사에서 '고객'이라는 말을 들어본 적이 없는 것 같아요. '이익'에 대한 이야기는 매일 듣고 있죠. 이걸 하면 돈을 얼마나 벌 수 있냐, 돈이 되냐, 이번 달은 얼마 손해냐'라는 말은 많이 듣습니다. 요즘 주니어 연차 동료들이 정말 많이 퇴사해요. 이 회사에서는 미래가 없다고 생각하는 거겠죠?" 회사에서의 인간관계도, 평가나 평판도, 일도 특별히 나쁘지는 않지만 이런 상태로 계속 일하는 것이 맞는지 고민하고 있었습니다. 모두 DT를 말하고 있지만 아직 회사에서는 재경 담당이나 MD들의 말에 더 힘이 실리는 상황이라 나의 '열심'이 이곳에서 빛을 발할 수 있을지, 그렇지 않다면 괜히 여기서 힘 빼기보다 다른 곳으로 이직해야 하지 않나 하고요.

W의 이야기를 들으면서 조금은 엉뚱하게도, 그 회사가 참 신기하다고 생각했습니다. W는 말하는 중간중간에 '고참'이라는 군대 용어를 쓰는가 하면, 요즘처럼 이직이 활발한 시대에 그 회사에는 경력직이 입사하는 경우가 거의 없다고 하더라고요. 우리나라 대기업들과 일본 기업들에 있는 제도죠, 공채. 부서장이나 임원도 대부분 공채 출신이고, 그러다 보니 '형' '선배' 등 관

계와 평판에 의해 일이 진행되고 있었습니다.

W에게 국내 대기업 두 군데를 거쳐 유니콘 스타트업으로 이직한 지 6개월 만에 저를 찾아온 15년차 기획자 U와, 시장에서는 정면 승부를 하며 좋은 결과를 내고 있는데 정작 조직에서는 인정받지 못해 고민하던 Q의 사례를 이야기했습니다.

U는 "잘못된 무기를 들고 잘못된 던전에 뚝 떨어진 기분"이라고 했습니다. 이 맵에서 싸울 수 있는 자신만의 무기가 하나도 없어서, 잘못 온 것 같다면서요. 이직한 회사의 2~3년차 친구들이 자신보다 일을 훨씬 더 잘하는 것 같다고 토로했습니다. 이직을 가능하게 했던, 예전 회사에서 했던 프로젝트들은 시장에서 성공하기보다는 임원들의 성과에 한몫한 것 같다고요. '보고서에 예쁘게 쓸 수 있는 일'만 해온 것 같아 허망하다고 덧붙였습니다. 그러니까 U가 일한 회사에서는 내 상사와 내가 조직에서 살아남는 것, '그럴싸하게 잘 보여주는 것'이 더 중요했던 거죠. 시장에서 싸워본 적이 없고, 진짜 고객이 누구이며, 그들이 진정으로 원하는 것이 무엇인지 모른 채 흘려보낸 시간들이 부메랑으로 돌아오고 있었습니다.

Q는 U와는 상황이 좀 달랐어요. 그는 한 통신 회사에서 Z세대를 타깃으로 하는 마케팅을 담당하고 있었습니다. 충분하지

않은 예산이었지만 Z세대의 키워드와 트렌드는 무엇인지 분석해 회사 유튜브 채널을 만들고 고객들을 팬으로 만들며, 드디어 가시적인 성과를 눈앞에 둔 상황이었습니다. 하지만 '당장 매출 안 나오니 접으라'는 임원의 한마디에 그 프로젝트는 없는 일이 되었습니다. 낙담한 그는 적당히 회사 다니는 게 답인가 싶다며 괴로워했고요.

나는 누구를 위해 일하고 있나요. 나, 시장의 고객을 위해 일하고 있나요, 아니면 상사, 임원, 오너를 위해 일하고 있나요. 이 조직 안의 사람들이 나에게 원하는 게 뭘까, 어떻게 포장하면 고과를 잘 받을까, 어디에 줄을 서야 좋을까 등에 집중하다 '우물 안 개구리'가 되어가고 있진 않나요. 나의 일, 실력, 일을 잘하기 위해 필요한 논쟁보다 '좋은 게 좋은 것' 하며 내부 직원들의 평판과 관계에 의해서만 일이 돌아가는 조직은 개인의 커리어에 장기적으로 도움이 되지 않습니다. 시장의 고객들은 '좋은 게 좋은 것'을 선택하지 않으니까요. 고객은 자신에게 필요한, 진짜 좋은 것을 택합니다.

시장에서 정면 승부해본 경험은 시간이 갈수록 더 많이 주목받을 겁니다. 진짜 고객이 무엇을 원하는지, 시장의 움직임이 어떤지 치열하게 고민하고 실행해본 경험에 가치를 두는 회사는 정말 정말 정말 많아요. 이게 지극히 정상이기도 하고요. 실제로 Q는 커머스 플랫폼 회사로 이직해 즐겁게 회사를 다니고 있습니다.

진짜 고객이 누구이며
그들이 진정 원하는 것을 모른 채
시장에서 정면승부하지 않았던 시간은
언제든 부메랑으로 돌아옵니다.

'회사싫어병' 투병 중에도 좋아할 만한 것 단 하나

지금은 리추얼 커뮤니티 '밑미'를 창업한 손하빈 대표가 에어비앤비 마케터로 일할 때의 일입니다. '회사 일을 왜 이렇게까지 하지'라는 생각이 들 정도로 당시 그는 자신의 일과 회사를 좋아했습니다. 신기했습니다. 커리어 액셀러레이터로 일하며 일에 대한 질문을 하고 있지만, 저는 '회사 열심히 다니세요'보다 '나에게 맞는 일, 일터를 찾고 나를 위한 일을 하세요'라고 말하고 있기도 하고, 회사를 그렇게 좋아하지도 않았거든요. 그래서 궁금했어요. 도대체, 어떻게, 왜, 회사를 좋아할 수 있는지요.

"회사의 좋은 면을 하나도 발견할 수 없다면 나와야 한다고 생각해요. 열 개 중에 하나는 좋은 점이 있을 테니 지금 당장 환경을 바꿀 수 없다면 그것 하나를 파고들어가 보는 것도 괜찮은 것 같아요. 회사의 좋은 점과 나쁜 점, 타협할 점과 타협할 수 없는 점을 파악하고 내가 취할 것은 가능한 많이 취하는 것이 좋다고 생각해요."

이 답변을 듣고 '그래 맞아' 하고 깨달았달까요. 말하자면 전 그를 통해 회사의 여러 장단점을 파악하고 그중 마음에 드는 것을 발견하려는 태도, 내 것으로 만들려는 태도가 내 일과 회사를 더 좋아하게 만들고, 더 신나게 일할 수 있는 이유가 되는 과정을 본 셈이었습니다. 그가 에어비앤비에서 일할 때 백 명도 넘는 아르바이트생과 행사를 준비한 적이 있는데, 그때 사실 좀 힘들었대요. 그만두는 사람도 많고 그때마다 새로 채용하며 관리하는 일이 보통이 아니었다고요. 하지만 그 시기를 '기회'라고도 생각했답니다. 언젠가 창업하면 어떻게 인재를 채용하고, 그만두지 않는 문화는 어떻게 만들어야 할지 그때 많이 배웠다고 해요.

'회사싫어병' 투병 중에도 좋아할 만한 것 단 하나를 보며 마음과 태도를 다잡는 일, 고백하자면 저도 잘 못합니다. 그래서 후회했고요. 또 다른 피해자가 발생하지 않길 바라는 마음으로 더 강력히 권하는 것이기도 합니다. 예를 들면 저는 지금도 저의 마지막 직장은 웬만해서는 망하지 않을 거라고 생각합니다. 그들의 리스크 관리 시스템, 리더십, 시장 변화에 대한 빠른 대응, 경쟁력 있는 인재 채용, 조직 문화 등을 생각해보면요. 회사를 다닐 때도 '이러니까 이 회사가 160년 넘게 지속해올 수 있었구나, 대단하다'고 생각했고요. 거기서 그쳤다는 게 문제입니다. 그때 이 중에 무엇을 내 것으로 만들지 생각해보고 좀 더 적극적으로 움직였으면 좋았겠다고 아쉬워하게 되는 지점들이 있어요. 나에게 남는 것이 있으면 그 회사에서 좀 더 즐겁게 일했을지도 모르고요.

혹시 지금 '회사 싫어' 상태라면 감정적으로 '싫다'고만 생각하지 말고, '객관적'으로 내가 좋아할 거리는 없는지 한번 살펴보세요. 언젠가 이 회사를 나갈 때 회사의 모든 것을 내 것으로 만들어 나가야겠다고 생각하면서요. 회사에서 할 수 있는 건 다 해보면서 다양한 관점에서 나를 위한 일 자산을 쌓는다고 여기면 어떨까요. 회사 생활을 '돈 받으면서 배울 수 있는 좋은 기회'라고 생각해보는 거죠.

이 과정을 저는 '나와 회사의 교집합의 크기를 넓히는 일'이라 부릅니다. 이 교집합은 곧 내가 재미를 느끼는 부분이기도 합니다. 좋아하는 일에도 싫어하는 부분이 있고, 싫어하는 일에도 좋아하는 부분이 있기 마련입니다. 회사 일인데 좋아하기까지 해야 하냐고 반문할 수도 있고, 일을 떠난 일상에서도 특별히 좋아하는 게 없어 회사 일만 할 수도 있고요. 어떤 상황이든 교집합 찾기는 꼭 해내야 합니다. 회사의 요구와 요청에 따라 움직이다 보면 원래 나는 어떤 사람인지, 무엇을 하고 싶었는지, 잘할 수 있는 것은 무엇인지가 흐려지고, 점점 '나'도 사라지게 되니까요.

나로부터 출발해 회사와 나의 교집합을 찾아가는 몇 가지 질문을 드려볼게요.

지금 하고 있는 일에 보람을 느끼고 열정을 갖고 임하고 있나요?

새롭게 시도할 수 있고, 새로움을 발견하는 일인가요?

일하면서 받는 스트레스가 내 커리어와 성장에 도움이 되는, 버틸 수 있는 정도인가요?

일하는 시간 중 즐거움을 느끼는 시간의 비중은 얼마나 되나요?

내가 주도적으로 일할 수 있나요?

누가 시키지 않아도 자발적으로 몰입할 수 있나요?

지적 호기심을 자극하고 충족시키는 일인가요?

적성과 흥미에 부합하는 일인가요?

다음 과정이 기다려지는 일인가요?

이 아홉 가지 항목은 말하자면 '일잼 지수'입니다. 5점 만점으로 각 질문에 자신만의 점수를 매겨보세요. 그중 점수가 가장 높은 것과 낮은 것을 추려보세요. 왜 이 항목에 점수를 높거나 낮게 줬는지 이유를 생각해보고, 그 항목이 나에게는 얼마나 중요한지, 가장 중요한 항목은 무엇이고 내 상태는 어떤지 한번 살펴보는 거죠.

예를 들어 저에게 가장 중요한 항목은 '새로움을 발견할 수 있는가'입니다. 회사원일 때 언제 이직했는지 돌이켜보면 일이 익숙해지기 시작할 때였어요. 일이 익숙해지면 안정감을 느끼는 사람이 있지만 전 그렇지 않은 거죠. 새로운 일이 없으면 재미도 없어졌습니다. 회사의 성장 사이클에 따라 새로운 일이 많은 곳이 있고, 기존에 하던 일을 안정적으로 해야 하는 곳이 있잖아요. 후자는 저 같은 사람에게 맞지 않는 곳이죠. 지금도 마찬가지입니다. 솔직히 말씀드리면 매번 같은 방식으로 같은 내용을 강의하는 것이 제일 쉽거든요? 그런데 저는 지겨워서 못합니다. 제풀에 지쳐요. 이렇게 일하는 방식은 저와 맞지 않는 것이죠.

점수를 낮게 준 항목에 대해 지금의 일터에서 개선이 가능한지, 나는 무엇을 추구하는지도 점검해볼 필요가 있습니다. 예를 들어 '적성과 흥미에 부합하는 일인가'에 점수를 낮게 줬다면 내 적성에 맞고 흥미를 느끼는 일은 무엇인지 적어보세요. '새로움을 발견하는 재미가 있는 일인가'에 점수를 낮게 줬다면 내가 새롭다고 느끼는 일의 특성은 어떤 것인지 적어보고, '일의 주도권을 발휘할 수 있는 일인가'의 점수가 낮다면 나는 어떤 상황과 환경에서 주도권을 발휘할 수 있는지 적어봅시다. 이런 과정을 거치다 보면 나는 무엇을 중요하게 생각하는지, 지금 어떻게 느끼고 있는지, 일터에서 무엇이 충족되어야 하는지 자연스럽게 알게 됩니다.

그런데 일잼 지수 항목이 아홉 개라는 사실이 조금 찜찜하지 않나요? 딱 떨어지는 느낌이 들지 않죠. 사실 일잼 지수는 각자 하나의 항목을 만들어 추가해야 완성됩니다. 저는 '일하는 시간의 주도권을 내가 가질 수 있는가?'라는 질문을 적어봤습니다. 질문을 적기만 했는데도 시간이 포기할 수 없는 가치라는 걸 알 수 있죠. 재미있게 일할 수 있는 일터의 조건으로 무엇을 더하고 싶나요? 잘 생각나지 않는다면 '포기할 수 없는 것'을 떠올려봐도 좋습니다. 1,000명의 사람이 있다면 1,000개의 질문이자 답이 나올 수 있습니다.

호기심, 너무 많은 일들이 해보고 싶고 궁금한 것을 포기할 수 없는데 그렇게 일하고 있는가?

하고 싶은 일을 할 수 있는 나만의 시간을 확보할 수 있는가? 하루 중 가장 많은 시간을 보내고 있는 곳은 회사이지만, 단 10페이지라도 책을 읽고, 10분이라도 달리기 하는 시간을 낼 수 있는 회사 생활이어야 한다.

다른 사람과 나 자신에게 공정하고 정의롭게 일하는가?

함께 일하는 동료들과 질 좋은 대화를 하루 10분이라도 할 수 있는가. 일과 관련된 진지한 대화를 나눌 수 있는 것이 중요하고 동료들과 사적인 이야기나 관심사 중 좋은 것들, 인사이트 가득한 것을 함께 나누고 대화하는 것이 무척 중요하다.

얼마나 시간이 순삭되는가(즐겁게 몰입할 수 있는가?)

내가 하는 일이 전체적인 관점에서 올바른 방향으로 진행되고 있는지 빠르게 확인할 수 있는가?

내 시선과 관점을 확장할 수 있는 일인가?

내가 오너십을 가지고 전력을 다할 수 있는 일인가?

내가 한 일의 과정과 결과물에 대한 노력을 의심하지 않고 그 자체로 존중하는가?

3년 후에도 같은 분야에서 일하고 있는 나를 상상했을 때 그 모습이 만족스러운가?

내가 하는 일이 사회에 선한 영향력을 주고 있는가?

함께 일하는 동료와 얼마나 시너지를 내며 일하고 있는가?

일에 대한 생각이 이렇게나 다양한데 표준화된 방식에 맞춰 일하느라 우리 모두 참 애쓰고 있다는 생각이 들지 않나요. 이처럼 다양한 우리의 관점을 회사가 알고, 업무에 반영할 수 있으면 좋겠다는 마음도 들고요. 그래서 이 질문이자 답은 나에게 맞는 일터를 찾기 위해서도 필요하지만, 조직이 경쟁력을 갖고 앞으로 함께 나아가기 위해서도 필요합니다. 구성원 각자가 가진 모든 생각을 일에 반영하기는 어렵고 시행착오를 거칠 수밖에 없겠지만, 우리가 각자의 생각과 관점을 얼마나 드러낼 수 있는지, 표현할 수 있는지가 개개인의 다양성을 존중하고 창의성을 발휘하는 조직의 시작점이 될 테니까요.

이야기하다 보니 떠오른 사례가 있습니다. 일잼 지수 총점이 1점인 사람이 있었어요. 45점 만점에 1점이요. 지금의 일이 너무 재미없고 회사 분위기도 '노잼'이라 0점을 주고 싶은데 0점이면 본인이 너무 불쌍한 것 같아 아무 항목이나 1점을 줬다고 합니다. '이 질문들 자체가 잘못됐다'고 말하는 사람도 있었습니다. 재미있는 것은 다 우리가 돈을 내고 하지 않냐, 회사에서의 일은 원래 재미가 없으니 우리가 월급 받고 참으면서 하는 것 아니냐고 하면서요.

참 씁쓸한 이야기죠. 물론 회사에서의 일이 늘 신나고 재미있을 수는 없고, 해야만 하는 일도 많습니다. 그렇다고 씁쓸한 마음에 억지로 웃음을 얹어 그들을 위로할 수는 없었어요. 그들에게 회사 일이 아니더라도 재미와 의미를 찾을 수 있는 일, 아주 작은 일부터 시작해보고 움직여보라는 이야기를 건넸습니다. 그

것부터 해야 내가 잘할 수 있는 일, 내가 잘할 수 있는 일터를 적극적으로 탐색해볼 수 있을 테니까요.

회사의 어떤 것도 좋아할 수 없고 내 것으로 만들 수 없다면, 일잼 지수에 답하며 교집합을 찾으려 하니 알러지 반응부터 올라온다면, 나오셔야죠. 그 마음도 틀리지 않고 오히려 너무 이해가 돼요. 아무리 옆에서 '돈 받으면서 배울 수 있는 기회'라고 해도 내 마음이 너무 괴로울 땐 하나도 들리지도 보이지도 않더라고요. 정답은 없어요. 나에게 맞는 게 답입니다. 내가 재미있고 신나게 일할 수 있는 일터를 찾기 위해 회사의 좋은 점을 발견하고 내 것으로 만들어보자고 말씀드리는 것이지, 무조건 버텨보라는 이야기가 결코 아닙니다.

일하며 자신의 색깔을 잃고 있다면, 나만의 오리지널리티가 점점 사라지고 있다면, '이 정도도 못하면 어쩌지, 다른 사람들이 어떻게 볼까' 하는 생각보다 나의 기준에 마음 편하고 좋은 선택을 하면 좋겠습니다. 회사 일과 나의 공통점, 교집합을 찾아보세요. 그리고 그 교집합의 크기를 키워보세요. 없다면, 지지부진 끌지 말고 또 다른 곳에서 교집합을 찾는 시도를 시작해보세요.

PART

4

전략 :
나의 '열심'은 나를
배반하지 않는다

'나 이대로 괜찮은 걸까? 이러다 호구되는
것 아니야?' 열심히 일하다가도 스멀스멀
올라오는 이 생각을 떨치려면 일을 전략적으로
해야 합니다. 누구에게 어떤 영향을 미치는지
임팩트를 생각하면서 일한다는 것이기도
합니다. 눈앞의 일을 쳐내는 것, 무사히
하루가 지나가는 것에 그치는 것이 아니라
왜 하는지 알고, 그 방향성에 맞는 일을 하는
것이 중요합니다. 모든 일을 열심히 하는 것이
아니라 힘을 줘야 할 일, 중요한 일에
힘을 주어야 합니다.

지난달에 내가 가장 많은 시간을 쓴 일은 무엇인가요? 그 일은 나에게, 또 내가 일하는 팀이나 회사에 얼마나 중요한 일인가요?

☐ 그만해야 할 일, 유지해야 할 일, 새롭게 할 일은 무엇인가요? 얼마나 효율적으로 일하는지, 어떤 문제를 해결하는지, 그 문제가 진짜 문제가 맞는지, 내가 한 일을 통해 혁신적인 제품이나 서비스를 내놓을 수 있는지 측면에서 살펴보세요.

☐ 나는 어떤 목표를 갖고 일하고 있나요?

☐ 내가 일하는 일터, 팀과 회사의 목표는 무엇인가요?

☐ 나의 목표와 일터의 목표는 얼마나 일치하나요?

☐ 내가 지금 하는 일은 누구에게 어떤 영향을 미치나요?

☐ 나의 일에 대해 충분한 인정과 보상을 받고 있나요? 인센티브 등 외적 동기부여 외에, 내가 지금 더 나아가고 있는지 피드백 받을 수 있는 동료들과 함께 일하고 있나요?

☐ 내가 일을 통해 만들어내는 임팩트, 영향의 크기가 더 커지려면 어떻게 해야 할지 고민할 수 있는 조직인가요?

☐ 나만을 위한 시간을 하루에 얼마나 갖고 있나요? 혹은 언제로 지정해보고 싶나요?

☐ 그 시간에 무엇을 하고 싶나요?

시간이 돈?! 내 시간은 중요한 일에 쓰이고 있을까

'나는 이 회사의 무엇을 중요하게 생각하는가'에 답하며 나와 회사의 교집합을 찾아보는 과정은 '열심'의 방향을 잘 설정하기 위해서도 꼭 필요합니다. 호구되지 않으려면, 나의 열심이 잘 발현될 수 있는 조직인지 얼마나 유용하게 쓰이고 있는지 내가 먼저 따져봐야 해요. 나의 시간과 노력을 투자하는 만큼 나의 '열심'이 제대로 잘 쓰이는 조직인지, 내가 이곳에서 '열심'일 필요가 어느 정도나 있는지 제대로 분석해볼 필요가 있습니다.

얼마 전, 자신의 일과 삶이 너무 마음에 들지 않는다는 R이 찾아왔습니다. 그는 사회 생활 10년차로 IT 회사에서 PM으로 일하고 있었고, 두 번의 이직을 거쳐 현재의 일을 하게 된 지는 1년 남짓한 상태였습니다. R은 신사업 기획을 맡아 종종 새벽 두 시까지도 일했습니다. 밤늦게 퇴근해 집에 와 그대로 잠들기엔 억울한 기분이 들어, 유튜브를 비롯해 이런저런 것들을 보지만 뭔가 남는다는 기분이 들지 않았다고요. 허무한 마음으로 아침을 마주하고 바쁘게 달리는 하루가 반복되고 있었습니다. 일이 너무 많다고 말하려니 매사 불만 있는 사람으로 비칠까 봐 일단 주어진 일들을 쳐내고 있다고요.

그런 R에게 매일매일 일하는 시간을 기록해보라고 조언했습니다. 회의하는 시간, 외부 고객을 만나는 시간, 보고서를 쓰는 시간, 정부 과제 제출을 위한 자료를 리서치하는 시간, 멍 때리는 시간, 점심 먹는 시간, 동료들과 커피 마시며 수다 떠는 시간 등 각각 몇 분 혹은 몇 시간씩 할애하는지 월요일부터 금요일까지 매일매일 하나도 빠짐없이요. 이렇게 시간을 기록해보니 가장 많은 시간을 쓰는 일은 회의 참석, 지역이나 기관에 제출할 산업 동향 같은 정부 과제 일이었어요. 모빌리티 신사업을 기획하기 위해 채용된 R이 정부 과제 리서치에 업무 시간 중 60퍼센트 이상 쓰는 것이 과연 팀과 회사에 도움이 되는지, R 스스로 조직에 물어야 할 질문이었습니다. R은 이 기록을 근거로 리드와 이야기를 나눴고, 회사 역시 R이 이렇게 계속 일하는 것은 효율적이지도, R뿐 아니라 팀과 회사를 위해서도 좋지 않다고 판단했습니다. 당장 R과 비슷한 직급의 사람을 채용하기에는 시간이 좀 걸리는 터라 우선 인턴을 채용했고요. 그것만으로도 그의 일은 훨씬 줄었습니다.

'이렇게 일하다간 바보 될 것 같다'며 찾아온 T도 자신이 무엇을 하며 일하는 시간을 보내는지, 가장 큰 비중을 차지하는 일이 무엇인지 점검해보고는 앞으로의 방향을 정할 수 있었습니다. 결국 그는 그 조직을 떠났어요. T는 R과 반대 상황에 놓여 있었습니다. 그가 일하는 조직은 한 시간 일하면 한 시간 동료들과 커피 마시고 수다 떨고, 또 한 시간 일하면 한 시간 간식 타임을 갖는 분위기라고요. 하루나 이틀이면 할 일을 일주일 동안 하고 있는 것 같다며 너무 편해서 걱정이라는 이야기였습니다. R처럼 너무 바빠도 문제지만 반대로 T처럼 너무 한가해도 나에게 쌓이는 일 자산이 없는 것은 마찬가지지요.

'시간 관리'는 단순히 내 일을 어떻게 하면 빨리 해치우고 일찍 퇴근할까 고민하는 차원의 이야기가 아닙니다. 내가 어떤 일에 어느 정도의 시간을 쓰고 있는지, 시간이라는 자원을 많이 쓰는 일이 과연 중요한 일인지 의식적으로 점검하는 것이죠. 나의 일을 누구에게 위임할 수 있는지, 어떤 일을 위임하는 것이 나와 우리 조직을 위해 더 좋은지 판단하는 과정이기도 합니다. 자신의 시간을 기록해보고, 내가 무엇을 새롭게 해야 할지, 그만해야 할지, 유지할지 목록을 작성해보세요. '새로운 일'을 할 수 있는 시간의 비중이 20퍼센트 정도는 돼야 좋습니다. 이 시간을 내려면 '그만해야 할 일'을 그만할 수 있어야 합니다. 나만의 실력을 기르며 성장하고 싶다면 답해보세요. 지난달에 내가 시간을 가장 많이 쓴 일은 무엇인가요? 그 일은 나에게, 내가 속한 팀이나 회사에 얼마나 중요한 일인가요?

우선순위보다
'선택과 집중'

핀테크 유니콘에서 일하는 6년차 Y는 '열심'이 장착된 분이었습니다. 억지로 떠밀려 일하기보다 자신이 하고 싶은 일, 잘할 수 있는 일을 적극적으로 찾아 움직이며 커리어를 개발한 사람이었어요. 그럼에도 불구하고 '아, 피곤하다' 소리가 절로 나오는 하루들이 가끔, 아니 종종 쌓이고 있었습니다. "매일 하루살이같이 살아가는 기분이에요. 하루 종일 바쁘게 일하다 밤 10시, 11시 정도에 퇴근하는데, 일이 끝나서 퇴근한다기보다는 '일단 오늘은 여기까지 하자' 하고 퇴근할 때가 더 많아요. 다음 날에는 처음부터 리셋, 다시 시작하는 기분이고요. 회사 동료들도 좋고 열심히 일하는 분위기이고 저도 잘하고 싶은 마음이 큽니다. 그런데 가끔 현타가 옵니다. 저는 가능한 오래 일하고 싶어요. 그러려면 일의 맺고 끊음도 분명해야 할 것 같고 번아웃 관리도 잘해야 할 것 같은데, 어떻게 하면 좋을까요?"

기본적으로 일 욕심이 많은 사람들이 있습니다. '회사 일을 뭐 그렇게까지 해, 그런다고 회사가 알아주는 것도 아니고 재테크나 열심히 해'라는 말을 들으면서도, 내 일에서 승부를 보고 싶어 하는 사람들이 많아요. 하지만 내가 잘할 수 있는 일만, 하고 싶은 일만 할 수 없는 경우가 많죠. 그러다 보니 내가 잘할 수 있는 일, 하고 싶지 않지만 해야 하는 일, 못하지만 잘해내고 싶은 일 등 어느새 많은 일을 끌어안고 있습니다. 설사 자신의 굳건한 의지로 모든 일을 끌어안았더라도 해도 해도 끝나지 않는 하루들이 쌓이다 보면, 일 마치고 집에 가면 지쳐서 누워 있고 주말에도 뻗어 있는 경우가 많으면, 고민이 스멀스멀 올라오기 마련이죠. '나 이대로 괜찮은 걸까? 이러다 호구되는 것 아니야?' 하고요. 일 욕심이 많다 보니 내가 하는 일을 더 잘하고 싶고, 그 과정에서 일 고민이 따라오는 것도 자연스럽습니다. 하지만 '고민할 시간에 일이나 열심히 하자'까지는 가지 말자고 청합니다. 그때는 반드시 멈춰 서서 자신이 달리고 있는 트랙의 앞뒤를 살펴보면 좋겠습니다.

나의 '열심'이 제대로 쓰이려면, 열심히만 하는 노력보다 전략이 더 중요합니다. 전략을 세우려면 내가 지금 하는 일이 중요한 일인지, 그 일의 임팩트는 어느 정도인지, 누가 어떤 영향을 받는 일이며 나와 회사의 방향성에 부합하는 일인지 판단해봐야 합니다. 그래서 저는 우선순위라는 말보다 '선택과 집중'이라는 말을 더 자주 건넵니다. 보통은 출근하면 사무실 책상에 앉아서 오늘의 투두리스트(To Do List)를 좌악 쓰고, 그중 우선순위가 높은 일부터 해나가잖아요. 이건 결국 모든 일을 다 해야 한다는 의미거든요. 일이 도무지 끝나지 않습니다. 반면 선택과 집중 전략은 자신이 잘할 수 있는 일을 선택해 집중하고, 그러느라 못한

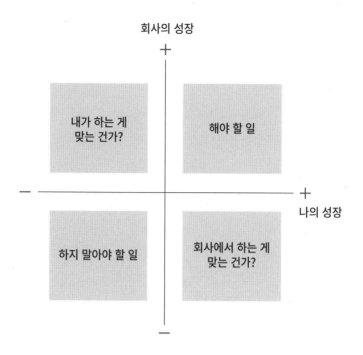

회사의 성장

＋

내가 하는 게
맞는 건가?

해야 할 일

－   ＋

나의 성장

하지 말아야 할 일

회사에서 하는 게
맞는 건가?

－

나의 성장에도 회사의 성장에도
도움이 되지 않는 일을
왜 하는지 모르는 채 하고 있다면
그 일은 그만해야 합니다.

일이나 덜 중요한 일은 흘려 보내고 다시 돌아오거나 더 중요한 일을 해내는 거죠.

일이 너무 많아 고민하고 있다면, '나의 성장과 회사의 성장'을 축으로 지금 하는 일을 한번 분석해보세요. 내가 하는 일을 앞의 표에 채워 넣어봅시다. 어떤 부분이 가장 많이 채워지고 있나요?

여기서 핵심은 '나와 회사, 양쪽 모두의 성장에 도움이 되는 일을 하고 있는가'입니다. 나의 성장에도 회사의 성장에도 도움이 되지 않는 일을 왜 하는지 모르는 채 하고 있다면, 그 일은 그만해야 합니다. 이런 일의 비중이 높다면 일터의 환경 때문인지 내가 그렇게 일하고 있는 것인지 돌아볼 필요가 있고요. 나의 성장에는 도움이 되는데 회사에는 도움이 되지 않는 일이라면 회사에서 하면 안 되겠죠.

회사의 성장에는 도움이 되고 나의 성장에는 도움이 되지 않는 일이라면, 내가 이 일을 하는 게 우리 팀과 회사를 위해 맞는지 생각해봐야 합니다. 나쁜 일이 아닌 이상, 나의 성장에는 도움이 되지 않지만 다른 누군가에게는 큰 기회일 수도 있어요. 동료들, 팀 리드와 이야기해보세요. 노파심에서 하는 말이지만, 제 말이 역할과 책임(role&responsibility)을 따지고 '네 일' '내 일' 하며 내 일이 아닌 일은 하지 말라는 의미는 아닙니다. 내가 잘할 수 있는 일인지 아닌지 생각해보고 '이 일을 통해 나와 조직이 함께 성장할 수 있는가' 판단해보는 과정이 필요하다는 이야기입니다. 나의 기준과 관점을 갖고 일하는지 여부에 따라 내게 남는 일 자산의 질이 달라진다는 것을 느껴보면 좋겠습니다.

나의 '열심'은
내가 제일 잘 아니까

회사에서 가만히 묵묵히 일하다가는 '가마니'가 됩니다. 나의 '열심'을 티내세요. 내가 하는 일의 가치를 알고 그에 맞는 요구를 할 사람은 어디까지나 나 자신입니다. 티나는 일만 하라는 뜻이 전혀 아닙니다. 내가 무엇을 어떻게 열심히 하고 있는지, 왜 하고 있는지, 내 일을 통해 우리 팀 혹은 회사의 무엇이 개선되었는지 이야기하세요.

사람이라서 '내가 이렇게 열심히 하는데 왜 아무도 몰라주지?' 하는 마음이 들고, 내가 한 일에 대한 인정과 보상을 받고 싶은 게 당연합니다. '누군가 알아주겠지' 하는 마음이 '이렇게 해 봐야 뭐해'라는 마음으로 이어져 지치기도 하는 게 사람입니다. 내가 욕심이 많아서 그런 것이 아니라 당연히 요구할 수 있는 거예요. 이를 위해 더 많이 이야기해야 합니다. 다른 사람은 나만큼 나의 일을 알지 못하니까요. 내가 알게 만들어야 해요.

"그렇게 열심히 하면서 왜 과정 공유를 빨리 많이 하지 않고 결과만 이야기하는 거야? 더 시끄럽게 만들어, 다른 팀 동료들에게도 적극적으로 당신이 무슨 일을 하는지 알리고 도움이 필요하다면 요청해. Be visible!"

마지막 직장에서 가장 많이 들은 이야기입니다. 외국인이었던 팀 리더가 이런 말을 자주 했어요. 당신은 어떤가요. 내가 무슨 일을 하느라 바쁜지, 열심히 하는지 나의 동료들은 알고 있나요. 아니면 혼자만 바쁘게 일하고 있나요.

스타트업에서 일하는 C는 안타깝게도 후자의 경우였습니다. "회사에서 다른 동료들이 제 일을 별로 중요하게 생각하지 않는 것 같은데 저만 혼자 열심히 하는 것 같아요"라는 고민을 털어놨습니다. C는 커뮤니티 운영이나 SNS 마케팅 등에 관심이 많아서 열심히 게시글도 올리고 다양한 일을 했는데, 요즘은 예전만큼 하지 않는다고요.

그런 C에게 되물었습니다. "그 일이 나에게는 중요한가요? 해보고 싶은 일이 맞아요? 그렇다면, 중요하게 생각하게 만드세요. 내가 이 일을 하는 것이 우리 팀에 왜 필요하고 도움이 되는지 자꾸 말하세요."

반대로 우리 회사는 결과뿐 아니라 구성원의 '열심'을 들어주고 격려해주는 곳인지도 돌아봤으면 좋겠습니다. '그렇게 티 내봐야 내 입만 아프고 나만 유난 떠는 사람이 될 것 같은데…'라는 생각이 드는 회사라면 거기서 버티지 말고 나오는 게 맞아요. 조금 유난이면 어떤가요. 그 소란스러움이 나에게, 더 많은 구성원들에게 좋은 기회가 될 수도 있을 텐데요.

서비스기획자로 일하고 있는 U는 어느 날 전체 PM에게 "지금 당장 제가 미덥지 못하고 물가에 내놓은 아이 같겠지만, 저를 조금만 더 믿어주세요. 제가 직접 부딪혀보고, 실패하고 수습할 수 있는 기회를 주세요"라고 말했답니다. 자신이 프로젝트 담당자인데, PM이 그의 기획과 상반되는 방향으로 회의를 하기도 하고, 담당자인 자신보다 더 일을 이끌려고 했다고요. '이건 아닌데'라고 생각하다 용기를 낸 것이죠.

그 순간의 분위기가 마냥 좋지만은 않았을 겁니다. 하지만 내 일의 주도권이 나에게 오려면 내가 말을 해야 합니다. 나는 가만히 있는데 일이 주인을 찾아 제발로 걸어오지는 않을 테니까요. 기회가 올 때까지 기다리지 말고 당당하게 요구하고 요청하며 들이대세요.

이쯤에서 당신이 무슨 생각을 하실지 맞혀볼까요? '내가 그렇게 요구해도 되나, 그럴 만한 자격과 실력이 있나' 하고 생각하고 있죠?

입으로만 일하는 것을 경계하는 그 마음, 너무 훌륭합니다. 그럼에도 말하자고 권하는 이유는, 속 빈 강정은 티가 나기 마련이기 때문입니다. 실력이 있으면서 이 이야기를 하는지, 겉으로 보이는 포장에 더 신경쓰고 있는지 주변 사람은 압니다. 좋은 사람들이라면 당사자에게 어느 쪽인지 티를 내주더라고요. 아마도

이 글을 읽고 있는 당신은 묵묵히 내 일을 열심히, 잘하는 편이 실 것 같아요. 그러니 우리 손들고 말해봅시다, 내가 여기서 이렇게 열심히 일하고 있다고요.

자신의 '열심'을 이야기하고
서로의 '열심'을 들어줍시다.
그 소란스러움이 서로에게
좋은 기회를 안겨줄 겁니다.

나만을 위한
시간을 만드는 법

일하다 문득 '나는 바보인가, 왜 이렇게 열심히 하는 거지, 누가 알아주지도 않는 것 같은데'라는 마음이 스멀스멀 올라오는 이유 중 하나는, 나 자신을 온전히 돌볼 시간이 없는 것도 한몫하는 것 같아요. 회사에서 일하느라 종종걸음 치고, 집에 돌아와 또 집안일을 해치우다 보면 어느새 잠들 시간. 다시 아침이 되고 다람쥐 쳇바퀴 돌리는 날이 계속되면 내 인생에 막상 나는 쏙 빠져 있는 느낌이 듭니다. 일과 삶의 저글링은 늘 어렵죠. '다들 잘 살고 있는 것 같은데 나는 왜 이렇게 숨이 차지' 할 때도 있고요.

이런 기분이 든다면 '나 자신만을 위한 시간'을 꼭 확보하세요. 매일 삼십 분, 한 시간도 좋고, 주말 중 한두 시간, 한 달 중 어느 날, 혹은 한 해 어떤 달의 어떤 주간이어도 좋습니다. 거창할 필요는 전혀 없어요. 나를 위해 확보할 수 있는 시간을 먼저 만들고, 그다음 그 시간에 나를 위해 무엇을 하고 싶은지 생각해보고, 실행을 해보는 것입니다. 가장 중요한 것은 나를 위한 시간을 낸다는 사실, 그 자체예요. 이 시간을 내기 위해 새벽에 일찍 일어나거나 밤 늦게 무리하진 마세요. 평소 내가 무엇을 하며 어떻게 시간을 쓰고 있는지 관찰하고, 그 시간에 '다른 이름표'를 붙이는 것만으로도 충분합니다.

H사 재무팀에 일하고 있던 6년차 I는, 신입 사원 시절 연봉이 가장 높다는 이유로 입사한 그 회사에 계속 다니고 있었습니다. 회사의 비즈니스에 근본적으로 관심이 없다는 것이 가장 큰 문제였고, 이제 연봉도 다른 회사보다 높지 않아서 이곳에 남아 있어야 할지, 떠난다면 무슨 일을 시도해볼지 고민하고 있었습니다.

그에게 근무 시간 외에는 무엇을 하며 시간을 보내는지 물었습니다. 공간에 관심이 많더군요. 시간이 날 때마다, 주말에 틈틈이 새로운 공간에 가본다고요. 좀 더 구체적으로는 새로 오픈한 카페나 식당, 미술관에 가서 어떻게 구성되어 있는지 관찰하는 것을 즐긴다고 했습니다. 그런 사람이라면 같은 재무 업무라도 '공간 비즈니스'를 하는 회사에서 일하면 좀 다르게 일할 수 있을 거라고 이야기했습니다. 지금 당장 이직하지 않더라도 그동안 해온 '재무'에 '새로운 공간'을 이어 다르게 생각해보는 연습을 하는 셈입니다. 이제 그 시간은 '핫플레이스 방문'이라는 누구나의 시간에서 '공간기획 시장조사'라는 나만의 시간으로 바뀔 테고요.

나만의 시간이 꼭 생산적이어야 할 필요도 없습니다. 월요일 점심시간을 '어드벤처 타임'이라 명명한 Y는 월요일 이 시간마다 평소에 하지 않던 것을 해보기로 했습니다. 회사 옆 동네에 가보거나, 다른 팀 사람들과 점심을 먹는다거나 혼자 책을 읽으면서요. P는 출퇴근에 두 시간씩 걸린다며 회사에 도착만 했을 뿐인데 지친다고 이야기했는데요. 멍하니 보내거나 음악 듣거나 게임하던 그 시간을 평소 관심 있던 사회적 기업 혹은 벤처투자 시장을 알아보는 시간으로 바꿨습니다. 지쳐가는 시간에 생기를 불어넣은 셈이죠. 주말 이틀은 거의 가족과 함께 보내고 저녁 여섯 시부터 여덟 시까지 함께 예능을 본다는 Z는, 이틀 중 그 시간을 자신을 위해 쓰기로 했습니다. 이렇게 매일 혹은 주중의 어떤 시간을 나만을 위한 시간이라 이름 붙이는 거죠.

저는 한 해 중 12월의 마지막 2주 혹은 1월 한 달을 나를 위한 시간으로 씁니다. 아이와 함께 발리, 멜버른, 워싱턴 등 완전히 시공간이 다른 곳으로 한달살기를 가기도 했고요. 업이 속한 시장 차원에서 보면 사실 1월은 '물 들어올 때 노 저어야 하는' 달이기도 한데요, 과감히 나를 위해 쓰기로 매번 다짐합니다. 계속 쉬지 않고 달리면 어느 날 다 타버리고 지쳐 내가 좋아하는 이 일을 더 오래 할 수 없겠다고 생각했어요. 한편, 이렇게 일과 좀 거리를 두고 떨어져 있으면 내가 하고 있는 일 중 어떤 일을 하거나 하지 말아야 할지, 진짜 내가 좋아하는 일은 무엇인지, 어떤 방향성을 잡고 일해나가야 할지, 어떤 사람들과 함께 일하고 싶은지도 더 잘 보이더라고요.

나만을 위한 시간을 낸다는 게 말처럼 쉽지 않다는 것 잘 압니다. 일은 혼자 하는 게 아니니 나는 노를 놓고 싶어도 다른 사람들이 노 젓는 속도에 맞춰야 할 때도 있고, 나만을 위한 시간이라고 생각하면서도 일 때문에 마음이 무거울 때도 있죠. 남들은 일에서 자신을 분리해 잘만 쉬는 것 같은데 나는 왜 그러지 못하냐고 자책하는 사람도 있을 테고요. 그럴 땐 틈틈이 그런 나도 인정하고 칭찬하며 자신의 시간을 챙겨보세요. 이렇게 일하는 나 자신을 좀 칭찬해주셨으면 좋겠습니다.

일을 너무 열심히 하느라 번아웃을 호소하는 사람들은 사실 일을 좋아하는 경우가 많습니다. 개인과 회사의 성장을 축으로 지금 하는 일이 양쪽 모두에 도움이 되어야 한다고 말했지만, 이런 사람들은 자신에게는 그렇지 않더라도 팀과 회사의 성장에 도움이 되는 일이면 발벗고 나섭니다. '나는 일을 좋아하지 않는데 왜 이렇게 바쁘지'라고 생각하는 사람들도 따지고 보면 책임감이 높고, 일을 좋아하는 사람만큼이나 일을 놓지 못합니다. 그러다 보니 절대적으로 일하는 시간이 길어지고 일하는 양도 많아지는 것이죠.

그런 나를 내가 알아주세요. '나는 일을 좋아하는 사람이구나' '잘하고 싶구나' 하고 먼저 좀 들여다봤으면 좋겠어요. 일을 좋아하고 잘하고 싶은 마음이 나쁜가요? 그 마음으로 열심히 일하는 것이 미련한 건가요? 그런 야망이 있으면 있을수록, 크면 클수록 좋은 거죠. 단, 일에'만' 너무 매몰되지 않도록, 일이 나를 집어삼키지 않도록, 일하는 나부터 살펴보세요. 우리는 로봇이 아니니까요. 내가 하는 일을 오래 하고 싶다면, 나를 위한 시간과 일하는 리듬을 파악해야 합니다. 나의 '열심'은 어디로 가는 것인지 고민하고 있다면, 이를 돌아보기 위해서도 '나만을 위한 시간'을 가져야 합니다.

한 가지 더, 나의 '열심'은 나를 배반하지 않는다고 이야기하고 싶습니다. 나의 열심도, 나의 게으름도 결국 나에게 다시 돌아옵니다. 커리어 액셀러레이터로 일하며 깨달은 것 중 하나는 '지름길은 없다'인데요. 회사 다닐 때 저는 때로는 '약삭빠르게' 회사 생활을 한 편이었어요. 우직함이나 성실함을 갖추기보다는 지금 무엇을 하는 것이 내게 유리하거나 불리한지 눈치 빠르게 판단하고 행동하는 사람이었습니다. 그런 생활이 회사라는 울타리 안에 있을 때는 유리했을지 몰라도, 밖으로 나오니 그 시간들이 다 부메랑으로 돌아오더라고요. 그 덕에 커리어 사춘기를 더 오래 겪었던 걸지도 모르겠습니다.

현실적으로 지금 다니는 회사를 평생 다닐 수는 없을 겁니다. 다른 회사에서 일할 수도 있고, 언젠가는 회사라는 울타리를 떠나 나만의 실력으로 내 일을 하게 될 때가 올 겁니다. 그때가 언제든, 그 시간이 온다는 것만은 누구에게나 공평하고 분명한 사실입니다. 지금 나의 열심은, 그 열심으로 쌓아올린 일 자산은 그때 나에게 돌아옵니다.

어떤 일을 계속 해야 할지 말아야 할지

내가 진짜 좋아하는 일은 무엇인지

어떤 사람과 일하고 싶은지

나의 '열심'은 어디로 가는지 돌아보기 위해서

과감히 나를 위해 시간을 쓰세요.

가치 있는 '열심'의 조건, 덕업일치

이미 시작된 경기 하강, 저성장 국면에 팬데믹까지 더해진 이상 실업자 수는 유례없이 늘어나고, 안전하다고 믿었던 회사들도 빠른 속도로 무너질 것이라고들 이야기합니다. 그에 따라 긱 이코노미 시대가 시작되었고, 프리랜서와 1인 기업은 더 많아질 테고요. 이 말은 그만큼 개인 브랜딩, 나만이 할 수 있는 일에 대한 요구가 많아지고, 어느 회사에 다니느냐가 아니라 무엇을 할 수 있느냐가 더 중요해진다는 의미일 텐데요. 이런 시대에 덕질로부터 시작하는 일의 확장은 나만의 길을 찾는 가장 확실하고 빠른 방법입니다. 허무하지 않은 '열심', 가치 있는 '열심', 오래가는 '열심'을 위해서는 덕업일치만큼 좋은 게 없거든요. 제가 들었던 다양한 분들의 재미있는 덕질 스토리, 잠깐 소개해볼게요.

편의점 쇼핑 - 편의점을 구경하며 어떤 신기한 물건이 있는지 살펴보기도 하고, 새로 나온 간식 코너에서 브랜드 콜라보로 나온 기발한 상품을 탐색, 구경하는 걸 좋아해요. 집 가는 길 모든 편의점에 들러 구경합니다. 일본 여행도 '편의점 투어' 컨셉으로 혼자 기획해 다녀온 적이 있네요!

독서 모임 - 책을 좋아해서 한국 소설을 읽는 작은 모임을 만들었어요. 우리의 인스타그램을 보고 작가님이 방문하신

적도 있죠. 책 좋아하는 사람이라면 모두가 부러워하는 에피소드예요.

러닝 크루 – 달리기는 어쩌면 지극히 개인적인 운동이지만, 함께 달리면 생각보다 서로에게 많은 영향을 미쳐요. 숨이 턱밑까지 찼을 때 서로의 말 한마디로 한발 더 나갈 수 있습니다. 쓰고 보니 저는 달리기 자체보다 이 모임을 만드는 행위와 모이는 사람들과의 케미스트리를 좋아하는 것 같아요. 회사 일은 왜 이렇게 즐거울 수 없을까요?

힙스터 덕후 – '요즘 힙하대'라는 라이프스타일에 관심이 많아서, 그런 트렌드를 잘 파악하기도 하고 또 체험해보려고 노력합니다. 망원동이 힙했을 때는 하루 휴가를 내고 지도에 가봐야 할 식당, 카페, 숍을 표시해두고 동선을 만들어 쭉 투어했어요. 성수동도 마찬가지고요. 공간뿐 아니라 사람들의 생활 방식이 변화하는 것에 관심이 많습니다. 본능적으로 느끼는 것도 있고, 더 이해해보려고 덕질하는 것 같아요.

내가 덕질하는 것들의 리스트를 적고, 이 덕질의 본질에 무엇이 있을지 한번 생각해보세요. 덕질은 누가 시키지도 않았는데 내가 좋아서 자발적으로 내 시간을 쓰는 행동이잖아요. 나는 그것을 왜 좋아하는지 생각해보는 거죠. 독서 모임이나 러닝 크루 활동을 좋아하고 덕질한다는 사람의 'Why'를 파고들어가 보면 독서나 러닝 그 자체보다 본인이 모임을 주도적으로 만들고, 다양한 사람들을 연결하는 커뮤니티 활동을 더 좋아하는 것처럼요. 이처럼 내가 덕질하는 것들의 속성, 공통점을 한번 생각해보세요. 일의 관점으로도 확장해보면 더 좋겠죠.

수줍게 고백하면 저는 BTS를 덕질합니다. 매일 하루 30분, 오늘은 BTS가 어디에서 무엇을 했는지 확인하고 잠드는 것이 리추얼일 정도예요. 올림픽과 월드컵, F1 같은 스포츠 경기도 덕질합니다. BTS, 올림픽, 월드컵, F1의 공통점이 뭘까요? 저는 '피 땀 눈물'이라고 생각합니다. 누군가의 열심을 좋아하고 응원해요. 결말을 예측할 수 없는 다이내믹한 스토리에 빠집니다. 혼자 하는 것이 아니라 팀 플레이가 돋보인다는 것도 공통점으로 꼽을 수 있겠네요. 감독, 코치, 선수들이 다 같이 만들어내는 드라마이고, BTS는 일곱 명이 한 팀이죠. 그들의 피 땀 눈물, 노력과 전략이 절묘하게 조화될 때 어떤 결과가 나올지 늘 흥미진진합니다.

일상의 덕질은 누군가의 커리어 이야기를 듣고, 그만의 강점을 함께 발견하고 스토리로 풀어내는 일로도 이어진 것 같아요. 기간을 정해놓고 승부를 보는 경기를 좋아해서인지, 제 세션도 딱 90분, 혹은 한 달 이런 식으로 명확히 정해져 있습니다. 일을 할 때면 스스로 언제까지 끝내겠다, 마감일을 정해놓고 달리는 스타일이에요.

BTS를 덕질하다 엔터테인먼트 산업도 깊게 알게 됐습니다. 하이브의 방시혁 대표는 어떻게 이들을 발굴했을까, 하이브는 왜 레이블 여러 개를 인수합병할까, 위버스나 위버스숍 등 온라인 팬덤 커뮤니티의 구조는 어떻게 생겼을까, BTS가 오래 잘 활동하려면 돈도 잘 벌어야 할 텐데 하는 쓸데없는 걱정을 하며 하이브의 사업 설명서, 재무제표를 들여다봅니다. 이러다 보면 YG나 SM, JYP는 어떤지도 궁금해지죠. 뉴진스를 공부하고, 블랙핑크의 빌보드 1위 이유를 분석하고, SM이 LG전자와 출시한다는 디지털 헬스케어 플랫폼은 무엇일지 파다 보니 어느새 엔터 업계 전체를 보고 있더라고요.

자연스럽게 일이 속한 환경으로도 확장시켜 봅니다. 인플루언서가 될지, 구조를 만드는 사람이 될지 생각해보기도 하고, 가수들이 음반을 내고 콘서트를 하고 굿즈를 만드는 것처럼 무엇을 어떻게 어떤 주기로 해야 할지 힌트를 얻습니다. 그것이 내가 원하는 일인지 일의 방향성도 고민하고요. 엔터테인먼트 업계처럼 팬덤을 잘 구축하고 팬덤 커뮤니티 자체가 비즈니스가 되는 곳이 없는데요, 다른 업계에 이 구조를 적용하려면 어떻게 해야 할지 생각하기도 하죠.

내가 좋아하는 것이 너무 사소하고 개인적이라 망설여질 수 있습니다. 하지만 사소하고 개인적인 것만큼 강력한 동기는 없어요. 나만의 동기에 집중하는 것이야말로 나만의 길을 찾고 확장해가는 시작점입니다.

'녹기전에'라는 아이스크림 전문점을 운영해온 박정수 대표가 증인입니다. 그는 5.5평 남짓한 가게에서 350여 가지나 되는 아이스크림 메뉴를 직접 개발했습니다. "4개월 동안 잠자는 시간 빼고 아이스크림 공부와 배합 연습에 시간을 쏟았어요. 아이스크림을 너무 사랑했기에 하루 내내 공부하는 것이 결코 힘들지 않았죠. 재미가 설렘이 되고, 설렘이 돈이 되고, 그 돈이 다시 새로운 설렘을 시작하게 하는 순환구조를 믿어요."

어느 계절에 어떤 생선이 맛있는지, 자연산과 양식의 차이는 무엇이고 어떻게 알아볼 수 있는지 척척박사인 국내 최초 어류 칼럼니스트, 김지민 님의 이야기도 재미있습니다. 그는 국내 최초 수산물 커뮤니티를 운영하고 '입질의 추억'이라는 유튜브 채널을 운영한 지 10년이나 되었는데요, 이 모든 것이 '낚시'를 좋아한다는 지극히 개인적인 동기에서 출발했습니다.

아이스크림을 좋아해서 아이스크림 가게를, 낚시를 좋아해서 낚시 커뮤니티를 하는 덕업일치. 뻔하다고 생각할 수도 있고요, 나도 그렇게 하고 싶은데 내가 좋아하는 것이 무엇인지, 그것을 찾았다 한들 어떻게 일로 이어야 할지 막막할 수도 있습니다. 당연해요. 많은 이들이 그렇습니다. 좋아하는 일을 하라는 주문을 숱하게 들었고, 이번 커리어 다음을 위해 내가 무엇을 좋아하는지, 잘하는지 찾고 싶지만 도저히 생각나지 않죠. 회사 밖 세상은 알지 못하고 스티브 잡스가 말한 'connecting the dots'를 실행하기엔 점 하나 찾기도 어려운 게 현실입니다.

그럴 땐 사소하지만, 환경에 변화를 주는 게 도움이 됩니다. 저의 경우 직장 생활을 하며 한 번도 제대로 쉬어본 적이 없었는데요, 인생 최초로 한 달간 쉬고 2주 동안 혼자 여행도 다녀왔습니다. 나의 시간과 공간, 만나는 사람들이 그대로인데 이제부터 내가 좋아하는 일을 찾아보자고, 일에 대해 다르게 생각해보자는 결심만 한다고 달라질 수 없다고 생각했어요. 그동안 회사 다니느라 못했던 것들, 하고 싶었던 것들을 마음껏 해보는 시간을 가졌습니다. 매일 일정 시간 도서관에 가고, 영화도 자주 보고,

무의식적으로 늘 해오던 일 외에 그간 잘 몰랐던 세계의 콘텐츠를 잠식했어요. 인풋이 있어야 아웃풋이 있다고 생각했던 것 같습니다.

읽은 책들이 쌓여갈 때는 주로 무슨 책을 읽는지 스스로를 관찰했습니다. 일하는 방식, 혁신, 사람의 마음과 원리를 설명하는 심리학 책들, 교육의 변화 등에 대한 책을 많이 읽고 있는 모습을 발견했고요. 노래를 들을 때도 가사를 유심히 듣다 작사가를, 드라마도 대사에 집중해 보면서 누가 극본을 썼는지 검색하더라고요. 영화의 주연 배우보다는 감독과 작가를 찾아보며 그들이 어떤 이야기를 풀어온 사람인지 이력을 뒤져본다는 사실도 알게 됐습니다. 누군가의 이야기에 관심이 많다는 것을 알게 된 것이죠.

당장 나는 어떤 '이야기'를 할 수 있을까 생각해보기 시작했습니다. 자본 시장에서 일하며 기업의 흥망성쇠를 지켜보는 일을 '일'로 했던 것, 여러 번의 이직, 타인의 기준에서 좋은 회사를 다니다 조금 늦게 그리고 좀 더 길게 커리어 사춘기를 경험한 것, 일하며 후회하는 것과 잘했다고 생각하는 것들, 연봉 협상을 했던 사례 등 사소하지만 나라서 할 수 있는 이야기 목록이 있더군요. 더욱 지극히 개인적인 이야기지만, 제게는 아이가 있습니다. 이 아이가 커서 하고 싶은 일을 하며 살았으면 좋겠다, 세상이 어떻게 달라질지 알려주고 싶은 엄마로서의 아주 개인적인 동기도 작용했습니다. 이 다음 세대가 자신이 무엇을 원하고 어떤 일을 하고 싶은지 잘 알고 나보다 더 나은 삶을 살기 위해 내가 할 수 있는 것은 무엇일까 고민했던 것도 지금 일의 시작점에 있었습니다.

남들이 강요하는 열정이 아니라 나의 길을 만들어가는 과정에서 액셀을 밟게 할 나만의 열정, 개인적인 동기가 정확히 무엇인지 알아야 합니다. 내 심장을 두근두근 뛰게 하는 진짜 근원이 무엇인지 말이죠. 자신만의 고유한 흥미와 일 경험들을 사소하다며 평가 절하하기보다 그것을 더 살리는 방향으로 가면 과정도 결과도 좋아질 수 있습니다.

나에게는 없는데 다른 사람들이 잘하는 것들을 살피며 무엇을 보완해야 할지 집중하기보다 내가 가진 작고 사소하고, 개인적인 경험에서 시작하는 것이죠. 내가 쌓아온 일 자산을 관찰하며 내가 가진 것에서부터 출발해보세요.

한편 덕업일치를 이야기하면 꼭 빠지지 않는 질문이 있습니다. 좋아하는 것도 '일'이 되면 괴롭지 않냐고요. 커리어 액셀러레이터로 일하기 시작하던 초기, 지인이나 커리어 코칭 일대일 세션에 참석한 사람들의 단골 질문이었습니다. "개인으로 일하면 돈 많이 벌어요?" "예전보다 일은 적게 해요?" "둘 다 아니면 그 일 왜 하는 거예요?" "행복해요?"라고요. 회사를 떠나 독립한 제가 '정말 행복한지' 묻는 거겠죠.

현실을 이야기하면 저는 커리어를 완전히 전환한 경우였기 때문에 수익은 0원으로 떨어졌고, 일은 더 많이 해야 했어요. 주당 100시간 이상 일했던 것 같습니다. '피 땀 눈물'의 시간이었죠. 회사원일 때보다 훨씬 오래 일하고 돈은 더 못 버니 불행했는가 돌아보면, 전혀 그렇지 않았어요. 이런 생각은 해본 적 있습니다. '진즉 이렇게 공부했다면 하버드도 갔겠는데. 회사 다닐 때 이렇게 일했다면 세상을 바꾸는 신박한 금융 상품을 만들었을지도 몰라'라고요.

회사원일 때는 최대한 야근하지 않으려고 했고 어쩌다 하게 되면 짜증을 냈습니다. 그러면서도 누군가에게 지기는 싫고, 경쟁에서 밀릴까 봐 '1등 하겠다'는 마음으로 일하느라 힘에 부치는 순간이 있었습니다. 가족들에게도 미안했고요. 나의 성취와 돈 때문에 가족과 특히 아이와 충분한 시간을 보내지 못한다고 생각하니 한없이 죄책감이 들 때도 있었습니다. 지금은 그렇지 않습니다. "일 좀 그만하면 안 돼?"라는 가족들의 원성을 들을 만큼 일이 많을 때가 대부분이지만, 왜 이 일을 하는지, 왜 이렇게까지 하는지, 오늘은 무슨 일이 있었는지, 어떤 일 고민을 듣게 됐는지, 세상의 일이 어떻게 변화하고 있는지 등을 설명하고 설득하게 됐어요. 좋아하는 일을 하는 덕분에요. 아이가 저와 함께 있지 못해 아쉬워하면, 좋은 엄마가 되는 것만큼 일하는 나의 자존감이 중요하다는 이야기도 덧붙입니다.

'좋아하는 일을 하며 자신의 길을 가고 있으니 전혀 불안하지 않냐'라는 질문에 대한 답은 약간 다릅니다. 내가 잘하고 있는지, 이대로 괜찮을지 고민할 때가 왜 없겠어요.

이 일을 시작할 때나 지금이나 '성장'이 가장 큰 이슈인데요. 다른 기업이나 개인은 J 커브를 그리며 빠르게 성장하는 것 같은데 나만 그대로인 듯해 자괴감이 들 때도 있었습니다. 회사에서 일하면 승진도 하고 일에 대한 피드백을 듣잖아요. 회사 밖에 있는 사람에겐 그런 것이 없으니 갑갑하기도 했습니다. 앞으로 나아가고 있는지, 제자리에서 다람쥐 쳇바퀴 돌듯 하고 있는지 헷갈리기도 하고요.

하지만 좋아하는 일을 하면서 일을 해야 하는 이유가 분명해지고, 그러니 누가 알아보든 아니든 계속하는 힘이 생깁니다. 좋아하니까 '그럼에도 불구하고' 계속하게 됩니다. 더 잘하고 싶고, 나 자신이 인정할 수 있는 잘하는 수준에 도달하고 싶어서 꾸준히 하게 됩니다. 회사 다닐 때는 일이 루틴이 되기 시작하면

'조건'을 따져가며 3~4년에 한 번씩 이직했고, 삶의 다른 부분에서도 '변덕이 죽 끓듯 한다'는 말을 곧잘 듣던 사람이 가장 오래한 일이 바로 지금의 일, 좋아하는 일입니다.

많은 사람들이 일에서 포기할 수 없는 가치 중 하나로 '시간의 주도권을 가질 수 있는가' 하는 지점입니다. 내가 좋아하는 일이 이 부분을 충족시켜 줄 수 있습니다. 시간을 잘 활용하려면 내가 누구와 함께 일할 때 시너지가 나는지 나 자신이 먼저 알고 있어야 하는데, 함께 일해보고 계속 함께하고 싶은 분들과 전문성을 쌓아갈 수도 있고요.

누구나 다 엉킨 실타래를 푸는 과정을 거치는데, 이 과정이 보일 리 없는 타인의 눈에는 꼭지점, 즉 성취만 보이는구나 깨닫게 됩니다. 그러다 보면 나만 제자리인가 하던 자괴감도 사라져요. 일을 하면 할수록 불안감은 사라지고, 그 자리에 의미와 재미 모두를 채우니 나빠 보이진 않죠? 덜 지치고, 허무함에 빠지지 않으면서 지속 가능하게 오래 일하고 싶다면, 내가 '좋아하는 일'이어야 한다는 걸 명심하면 좋겠습니다.

PART

5

도전 :
내 일은 시장에서도
영향력이 있을까

평생 직장, 평생 직업이 사라지고, AI가 노동을
대체하는 시대를 마주할수록 불안이 싹틉니다.
'이 회사에 언제까지 다닐 수 있을까?'
'나는 시장이 찾는 인재일까?'
'이대로 물경력이면 어떻게 하지?'
'나만의 실력으로 독립할 수 있을까?'
'일은 계속 해야 하는데 무슨 일을 해야 할까?'
결국 '나는 어디에서든 살아남을 실력을 쌓고
있는가'는 모두의 지상 과제가 된 것 같아요.
말 그대로 나만의 전문성은 무엇인가,
진짜 실력에 대한 고민이 깊어진 것이죠.
새 시대의 전문성이란 과연 무엇일까요?

전문성이란
무엇이라고 생각하나요?
빠르게 변하는 시대에 '전문성'은
어떻게 달라져야 할까요?

☐ 회사 명함에서 회사명 빼고 내 이름만 남았을 때 나를 무슨 일을 하는 사람이라고 설명하고 싶나요?

☐ 그동안 했던 일 중에서 성과가 좋았던 일, 좋은 피드백을 받았던 일들을 떠올려보세요. 어떤 종류의 일이었나요? 성과가 좋을 수 있었던 이유는 무엇인가요?

☐ 나의 시간과 노력을 모두 투자해본 경험이 있나요? 그 일은 어떤 일이었고, 그 경험을 통해 어떤 감정을 느꼈나요? 만약 그런 경험이 없다면, 내 몸과 마음을 모두 투자해보고 싶은 일을 마음껏 상상해보세요.

☐ 지금 내가 하고 있는, 하고 싶은 일의 '본질'은 무엇인가요?

☐ 내가 해온 다양한 일 경험은 지금의 일에 어떻게 연결될 수 있을까요?

☐ 새롭게 시도하고 싶지만 하지 못한 일과 그 이유는 무엇인가요?

☐ 자신의 관점과 경험이 일에 잘 적용되고 있나요, 더 잘 적용되려면 무엇을 시도해볼 수 있을까요?

전문성이란
'문제를 해결해본
경험'이다

어떤 일을 '오래'하면 전문성이 생길까요? 이 질문을 받은 사람의 95퍼센트 정도가 'No'라고 말합니다. 단순히 '오래'한다고, 연차가 쌓였다고 전문성이 있다고 생각하지 않는 것이죠. 네, 저도 그렇게 생각합니다. 오래하는 것과 전문성이 쌓이는 것은 완전히 다르다고요.

요즘 저는 퍼스널 트레이닝을 받으며 운동을 시작했는데 코치에게 뼈맞는 소리를 들었습니다. 온몸을 부들부들 떨며 플랭크 동작을 하는데 코치님이 "지금 어디에 힘이 들어가요? 어떤 근육을 쓰고 있어요?"라고 묻더군요. 없는 코어힘으로 버티느라 급급한 나머지 내가 어떤 근육을 쓰고 있는지 어디에 힘을 줘야 하는지 등은 생각하지 못했습니다. 그가 덧붙인 이야기는 일하는 우리가 함께 들어야 할 말이라는 생각이 들었습니다.

"운동을 10년 한 사람과 1년 한 사람이 있다고 하면, 누가 더 운동을 잘할까요? 운동 1년 한 사람이 더 잘할 수도 있어요. 내가 어떤 근육을 쓰고 있는지, 어디를 더 강화시켜야 할지 고민하면서 운동하는 사람과 그냥 하라는 대로 하는 사람은 엄청 차이나죠.

그러니까 운동도 계속 생각하면서 해야 해요. 내 몸 상태가 어떻지? 내가 지금 어디에 힘을 주고 있지? 이렇게 운동하면 어떤 근육이 더 좋아질까? 코치가 하라는 대로 하는 게 아니라, 코치가 하는 말을 잘 생각하면서 나에게 적용이 잘 되고 있는지 돌아보셔야 해요. 멍하게 반복하는 건 별 의미가 없어요."

이 이야기를 우리 일에 그대로 적용해볼 수 있습니다. 지금 내가 하는 일에 대해 고민하며 시간을 보내고 있나요, 해야 하는 일을 해치우느라 급급한 하루를 보내고 있나요. 지금 하는 일은 어떤 일 근육을 강화하는 데 도움이 되나요. 나의 지식, 경험, 역량, 스킬 등은 어떤 수준인지 점검해본 적 있나요. '연차가 차면 이 조직에서 어느 정도까지 승진할 수 있겠지' 하며 습관적으로 출퇴근 길에 오르고 있진 않나요.

이 연장선에서 다시 생각해볼 질문도 있습니다. 사람들이 다 아는 회사에 다니면 전문성이 생기냐는 질문입니다. 다른 사람들이 다 아는 회사에 다니면 전문가일까요? 이 질문에 80퍼센트 정도의 사람들이 'No'라고 답합니다. 부러워하는 마음과 별개로, 우리는 이미 알고 있는 것 같습니다. 이제 더 이상 '어느 회사에 다닌다'는 사실이 우리의 일을 설명할 수 없는 시대라는 것을요.

대기업에 일하는 4년차 A는 설계 일을 하다 6개월 전 인사팀으로 발령났다며 저를 찾아왔습니다. 갑자스런 인사 발령 이후 어떻게든 설계 일로 돌아가 전문성을 살려야 할지, 6개월째 맡고 있는 인사팀 일을 잘해봐야 할지 고민된다면서요. 반도체 회사에서 12년째 연구원으로 일하다 몇 달 전 기획팀으로 발령나 '나는 누구, 여긴 어디' 하며 자신의 정체성을 의심하던 B도 있습니다. 신사업팀에서 일하는 6년차 C는 6년간 다섯 번의 프로젝트를 진행했는데 제대로 성공한 프로젝트가 하나도 없다며 자신의 전문성을 무엇이라 해야 할지, 이직할 수 있을지 고민했습니다. 스타트업에서 일하는 D는 사수 없이 일하느라 자신이 잘하고 있는지 아닌지도 모르겠고, 넓고 얕게 일을 해내느라 자신의 전문성을 무엇이라고 말할 수 없는 것 같다며 걱정했습니다. E는 자신이 하는 일은 다른 사람들도 다 할 수 있는 것 같다며, 계속 이렇게 일하다간 사람이든 로봇에게든 대체될 것 같다며 두려워했습니다.

J의 상황도 비슷합니다. 손꼽히는 대기업에서 10년차 개발자로 일하고 있었는데 "요즘 우리 회사 출신은 시장에서 믿고 거른다는데, 정말인가요? 지금 이 회사가 별로여도 참고 버티는 것이 답인지, 지금까지의 경력이 물경력인지 냉정하게 객관적으로 듣고 싶습니다"라고 묻더군요. 개인적으로 '물경력'이라는 말은

정말 안 좋은 말이라고 생각합니다. 나의 일이 쌓이지 않는다, 누군가에게 필요한 일이 아닌 것 같다고 생각하면서 시간을 보내는 건 너무 괴로우니까요. 일하는 우리의 자존감을 깎아내리는 말이죠. 아무튼 시가총액 1위 기업에 다니는 J의 질문은 많은 것을 담고 있었습니다.

몸담은 회사가 화제를 몰며 빠르게 성장하고 있다면, 좋은 일입니다. 그 후광 효과(Halo Effect)를 유리하게 활용하는 것도 좋습니다. 내 안목이 탁월했든 운이든 무엇이든 간에, 어쨌든 잘된 일이죠. 나 자신이 성장하며 회사의 성장에 기여하는 것도 자부심을 느낄 일입니다. 그렇지만 '어떤 회사에 다니는가'가 곧 내 실력은 아닙니다.

전문성 혹은 뾰족한 실력과 탁월함은 특정 회사에 다닌다고 쌓이는 것이 아닙니다. 제가 제이피모건에 다녔던 것과, 제가 금융 시장에 대한 인사이트와 전문성을 갖는 것은 다른 문제입니다. FANG[Facebook(현 Meta), Amazon, Netflix, Google]에 다닌다고 반드시 그 분야의 전문가라고, 삼성전자나 SK하이닉스에서 일한다는 이유로 반도체 전문가라고, 신세계나 롯데, 쿠팡에서 일한다고 유통 전문가라고 할 수 없죠. 유리한 지점은 있을 수 있습니다. 그 회사들이 가진 지식과 경험의 아카이빙, 인프라,

시스템 등이 내가 하는 일의 전문성을 더 향상시키는 데 도움을 주겠죠. 하지만 딱 거기까지입니다.

아무리 좋은 회사 간판을 가지고 있다 한들 회사 명함 없이 내가 무슨 일을 하는 사람인지 자신있게 설명할 수 없다면, 자신의 일에 대한 전문성을 갖고 있다고 볼 수 없어요. 중요한 것은 '명함에서 회사명과 직급 빼고 나를 무슨 일을 하는 사람이라고 설명할 수 있는가'이고, 내가 하고자 하는 일의 방향성, 회사에서 그와 관련된 어떤 경험을 쌓고 있는지 살피는 일입니다. 회사는 자신이 하고자 하는 일의 '과정'이 되어야 합니다. 그 자체로 목표가 아니라요.

하고 있는 일과 관련해 다양한 경험을 해보고 누가 무엇을 물어봐도 자신있게 답할 수 있는 사람

함께 일하는 동료들에게 방향을 제시할 수 있는 사람

자신이 하는 일의 지식과 경험을, 그 일을 처음 하는 사람에게 '쉽게' 설명할 수 있는 사람

문제를 해결할 수 있는 사람

지금 자신이 하고 있는 일에서 회사 안팎으로 어떤 변화가 일어나고 있는지 알고 그 변화를 생각하며 일에 적용

하는 사람

여러 직장인에게 전문성에 대한 정의를 물어보자 나온 답변입니다. 다양한 내용 속에서도 일관된 키워드가 보이시나요? 바로 '유연함'입니다. 내가 지금 하는 일, 그와 관련된 변화에 얼마나 많이 노출되어 있고 어느 정도 변화 가능성에 오픈되어 있는지, 나아가 그 변화를 내 것으로 만들기 위해 더 고민하며 실행하고 해결해낸 경험이 있는 사람을 전문가라고 생각하고 있는 것이지요.

여기서 우리는 이 시대 전문성의 필수 조건을 유추할 수 있습니다. 나만의 전문성을 뾰족하게 만들어가고 싶다면, 우리는 성장하는 과정에서 필연적으로 따라오는 불확실성과 불안의 구간을 지나야 합니다. 변화에 깨어 있어야 해요. 지금 하는 일을 계속 꾸준히 하는 그 자체로 전문성이 생기는 것이 아닙니다. 나의 일을 축으로 다양한 변화를 경험하며 그 경험과 지식을 하나로 모으고 이을 수 있어야 하죠. 그래서 저는 종종 이런 질문을 드립니다. 어떤 불확실성을 감내하고 있나요? 지금까지 해보지 않았던 다른 어떤 것들을 시도하고 있나요?

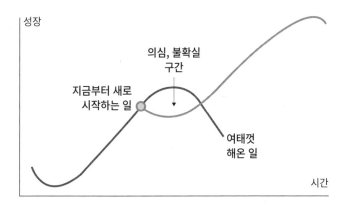

성장

지금부터 새로
시작하는 일

의심, 불확실
구간

여태껏
해온 일

시간

전문성을 쌓으려면 필연적으로
의심, 불확실의 구간을 지나야 합니다.

다양한 내 경험의
연결 고리를 찾는 법

전문성을 갖추려면 어떤 '자격'을 갖춰야 한다고 생각하는 경향이 있는 것 같아요. 직장인들은 특히 요즘 수요가 많은 개발자, UX 디자이너, 데이터 분석가 등을 전문가로 여기며 그 직무와 관련된 역량을 갖추기 위해 노력합니다. 의사, 변호사, 회계사, 노무사 등 전문직만이 전문적이라고 생각하는 사람도 여전히 있고요.

현실은 직무를 막론하고 전문성을 고민합니다. 커리어 코칭을 받으러 오는 사람 중에는 개발자, 디자이너도 많고 의사, 변호사, 노무사도 많습니다. 인사 업무를 하는 사람은 노무사 자격증을 따야 할지 고민하고, 개발 기술(?!)을 배워서 개발자로 업을 전환해야 할지 고민하는 사람은 더 많습니다. '전문직인 의사나 변호사는 뭐가 고민이지?' 의아하겠지만 그들도 똑같이, 시대가 변하기 때문에 일 고민을 합니다.

F는 5년 정도 개발자로 일했지만 그 일이 너무 안 맞아 몇 년간 공부해 노무사가 된 케이스였어요. 하지만 그가 속한 노무법인의 클라이언트가 제한적이고, 일도 단순 반복적인 경우가 많아 사기업 인사팀으로의 이직을 고민하고 있었습니다. 치과의사 G는 열과 성을 다하겠다며 입사한 직원들이 병원을 자꾸 그만둔다며 어떻게 하면 경영을 더 잘하고 퇴사를 막을지 고민했고요. 변호사 H는 상사로부터 가스라이팅을 당하고 있었어요.

자신이 맡고 있는 클라이언트와 관련된 회의 자료를 밤새 열심히 준비하지만 '이 자료면 충분하고 당신은 회의에 들어올 필요 없다, 이 정도 일은 누구나 한다'며 존중받지 못하는 상황에서 이직을 고민하고 있었습니다. 국내 대기업에서 개발자로 오래 일한 J는 창업을 준비 중이었는데요, 회사 안에서는 스페셜리스트 대우를 받았지만 시장에 나와 보니 개발자로서의 전문성만 살리며 일한 것이 독이 되었다고 했습니다. '이 프로젝트는 개발 공수가 얼마나 들어가는 일이구나, 2주면 되겠다, 한 달이면 되겠다'는 판단은 잘하는데 사업을 이끄는 데 정말 중요한 역량인 고객 관점에서의 서비스 기획, 리서치 역량이 너무 떨어진다면서요. 기술적으로 고도화되지 않아도 고객이 많이 사용하는 앱이 훌륭한 상품인데, 시장 관점을 가지는 일이 너무나 어렵다고 했습니다.

많은 이들의 이야기를 듣다 보면 자신의 일만 빼고 다른 일의 전문성을 칭찬하며 모두가 서로의 일을 부러워하고 있다는 생각이 들 때가 많습니다. 한편으론 전문성에 관한 이야기를 나눌수록 제너럴리스트의 능력을 폄하하고 있는 건 아닌지 경계하게 되었고요. 스페셜리스트와 제너럴리스트의 역량이 교차하는 지점이 분명 존재하기 때문입니다. 스페셜리스트만으로 혹은 제너럴리스트만으로 살아갈 수 없는 거죠.

'전문적'이라고 흔히들 인식하는 증권 시장을 이야기해볼까요. 증권사의 업무는 프런트(Front), 미들(Middle), 백(Back)으로 나뉩니다. 프런트는 직접적으로 돈 버는 일과 관련된 직무를 하는 사람들이 모여 있고, 연봉도 높고 승진도 빠릅니다. 그 산업 안에서는 스페셜리스트로 대우받기도 하고, 저도 한때 그 맛에 취해 살았던 것 같고요. 하지만 커리어 액셀러레이터라는 직업을 0에서 만들어보니 직장 생활하면서 한 일 중 0에서 출발했던 것은 없더라고요. 이미 '많은 것이 회사로부터 주어진' 상태, 훌륭한 인프라와 인재들이 있는 곳에서 시작 아닌 시작을 했다는 사실을 새삼 깨달았습니다. 스페셜리스트라고 생각했던 것은 그 시장 안에서만 유효했고요.

예상하지 못한 문제들이 계속 나타나고 가보지 않은 길을 가야 하는 상황을 처음 마주하며 이런 경험을 좀 더 일찍, 다양하게 할 수 있었더라면 수월했을 거라 생각했습니다. 이처럼 '전문성'을 고민할 때는 그 역량이 내가 일하는 회사, 즉 울타리 안에서 유용한 것인지 울타리 밖 시장에서도 유용한 실력인지 고민할 필요가 있는 거죠.

회사 안에 있든 밖에 있든 실제 변화를 겪으며 문제를 해결해본 경험은 변화하는 시대의 전문성을 이야기할 때 정말 중요한 요소가 될 것입니다. 모든 것이 불확실한 와중에 명확한 것은 '앞으로는 지금까지와 다를 것이다'라는 명제밖에 없으니까요. '이것이 정답'이라고 먼저 제시할 수 없는 더 급격한 변화 속에서 '누가 그 변화를 리드할 것인가' 하는 질문에 답할 수 있는 사람은 당연히 변화를 많이 경험하며 실제 문제를 해결해본 사람이겠죠. 그러니 어떤 일에 대한 지식을 얼마나 쌓아야 할지 고민하기 전에 나는 얼마나 많은 변화를 경험해봤는지, 내가 해결해본 문제는 무엇인지에 집중해보세요. 나의 일을 더 잘해나가기 위한 역량과 스킬을 좀 더 구조적으로 살펴보는 거죠. 지식으로 아는 것과 실제로 해본 것으로 나누어서요. 저는 '아는 것'도, 가방끈을 늘리거나 자격증으로 설명될 수 있는 것이 아니라 많이 경험해보아야 더 깊어진다고 생각합니다.

내가 해온 일의 본질을 알아야 그 일들을 하나로 이을 '연결고리'가 보입니다. 연결고리를 생각할 때 더 다양한 일에 도전하고 실행해볼 용기가 생기고요. 직접 해보는 과정에서 쓸모없는 일은 없음을 체득하게 되기 때문입니다.

제 이야기를 솔직히 해드릴게요. 금융 시장에서 구조화 파생 상품 세일즈, 트레이더로 일했던 저는 커리어 액셀러레이터로 일하기 시작하면서 '이렇게나 다른 일을 하게 될 것이었다면 금융회사를 왜 그렇게 오래 다닌 거야? 그 일은 대체 왜 한 거지?'라며 억울할 때가 있었습니다. 딱 보기에도 구조화 파생 세일즈와 커리어 액셀러레이터는 아무 관계가 없어 보이잖아요. 하지만 사실은 그렇지 않더라고요.

이직하고 싶다면 기업의 실적과 성장성, 비즈니스 모델, 조직 문화, 리더십을 분석해야 한다고 강조하며, 평소 '일터의 환경'에 대해 많이 이야기합니다. 같은 사람이라도 어떤 환경에 있느냐에 따라 더 빨리 성장할 수도, 그렇지 못할 수도 있으니까요. 이를 알게 된 경위는 증권사에서 일한 덕분이었습니다. 기업의 흥망성쇠를 많이 지켜본 덕에 더 거시적인 시각에서 일터의 환경을 살펴봐야 한다는 관점이 생길 수 있었던 거죠.

기업에서 커리어 교육을 할 때는 '억지로 끌려온 사람들이 95퍼센트다'라고 생각하며 임팩트 있는 이야기를 하나라도 남기려고 합니다. 예전의 제가 회사에서 하는 교육은 다 쓸데없다고 생각했거든요. 바빠죽겠는데 왜 사람을 오라가라 하나, 실무에 별로 필요도 없는 교육을 들으라 하냐고 투덜대며 맛있는 간식이 있는지를 더 궁금해했습니다. 그때를 떠올리며 지금은 기업 교육을 하기 전 미리 참석자들에게 간단한 설문 조사를 합니다. 어떤 고민을 하고 있는지, 어떤 이야기를 듣고 싶은지 물어봐요.

참석자에게 쓸데없는 이야기가 아니라 필요한 이야기를 전하고 싶어서요. 한때 가졌던 삐딱한 마음도 이렇게 도움이 되네요.

요즘은 0에서 1을 만들었던 그간의 경험을 디지털 헬스케어 스타트업의 CSO로서 일하는 데 십분 활용하고 있습니다. 투자자들에게 우리의 일을 알릴 때는 증권사에서의 경험이, B2B 영업을 도울 때엔 세일즈 출신이라는 사실이 도움이 되더라고요. 콘텐츠를 검토하고 문장을 다듬는 경우도 많은데 커리어 액셀러레이터로 일하며 책이나 칼럼을 써본 경험이 도움이 되고 있습니다.

나만의 전문성, 뾰족한 실력을 개발하고 싶다면 내가 해온 일의 연결 고리를 찾아 자신의 언어로 설명해보세요. 어떤 일 경험이든 내 안에 자산으로 남은 것들은 결국 연결되기 마련입니다. 지금까지와 다른 일을 하게 될 때 내 전문성이 사라지진 않을지 걱정하며 두려워하기보다, 연결점을 고민하면 좀 더 쉽게 시작할 수 있을 겁니다.

내가 해온 일의 본질을 알아야
그 일들을 하나로 이을 '연결 고리'가 보입니다.
연결 고리를 생각할 때
더 다양한 일에 도전하고 실행해볼 용기도 생기고요.

전문성이란
'끝까지 해본 경험'이다

불확실성을 감내하며 기회의 총합을 쌓는 데는 내가 좋아하는 일에서 출발하는 것만큼 효과적인 게 없습니다. 이에 대해서는 덕업일치를 언급하며 앞서 이야기했으니 여기서는 좀 더 현실적인 이야기를 할게요.

사실 좋아하는 일도 '일'이 되려면 잘해야 하고, 시장이 원하게 만들어야 합니다. '열심히'보다 '잘', '노력'보다는 '전략'이라는 말과 더 친해져야 합니다. 내가 좋아서 하는 일이니 오래 할 수 있어야 더 행복하잖아요. 그러려면 아이러니하게도 나 혼자만 좋아서는 안 됩니다. 내가 좋아하는 일을 시장이 원하게, 고객이 찾게 만들어야 해요.

이 과정은 녹록지 않습니다. 꾸준함과 지난함의 연속이에요. '저 사람은 자기가 좋아하는 일만 하고 살아서 좋겠다'는 부러움을 사기도 하지만, 의도치 않은 오해와 질투도 많이 받을 겁니다. 조심스럽게, 솔직하게, 혹은 무례하게, 다양한 톤과 표현으로 "당신이니까 좋아하는 일을 할 수 있는 거 아니야? '좋은 회사' 다닌 덕분 아니냐"고요.

저도 그런 이야기를 들을 때마다 지금 하는 일을 진짜 잘해서 예전 회사 이력은 눈에 들어오지도 않게 만들고 싶다고 의지를 다지지만, 그래도 현실은 이야기해야겠죠. 사실 그런 시선도 틀린 것은 아닙니다. 마지막 회사가 좋은 회사였던 까닭에 득 본 것이 있습니다. 정확히 말하면 명함발로 인한 후광 효과는 그리 길지 않았고요. 좋은 회사들을 다녀본 덕에 일하는 기준이 높아졌다는 것, 누군가의 명함발에 속거나 자세를 낮추지 않는다는 것 두 가지를 확실히 얻었네요.

특히 마지막 회사에서 치열하게 일하는 법, 살아남는 법을 배웠습니다. 성과가 나지 않으면 가차없이, 내가 잘못해서든 시장이 안 좋아서든, 목표 성과에 도달하지 못하면 언제든 잘릴 수 있는 조직이었거든요. 그 전 회사에 비해 인원은 3분의 1 정도였는데 목표는 두 배 높았습니다. 그만큼 일에 몰입하고, 업무 생산성이 높았던 거죠. 진짜 고객을 얻으려면 정말 치열하게 노력해야 하고, 일의 품질이 제대로여야만 한다는 경험을 얻었어요. 마케팅과 세일즈 일을 했다고 하면 관계나 인맥이 좋을 것이라고 흔히들 생각하지만, 그 회사는 '관계'로 일하는 곳이 아니었습니다. '좋은 게 좋은 거지' 하며 넘어가지도 않았습니다. 시장이 어떻게 변하고 있는지, 이런 시장 변화에는 어떤 금융 상품이 적합할지 고객에게 앞선 지식을 제공하고, 일의 품질로 승부하고, 리스크 관리가 철저했습니다. '적당히'가 아니라 '최상'이어야만 했어요. 그 때문에 스트레스를 너무너무 많이 받았지만, 덕분에 제 일을 더 철저히 하려는 자세를 갖게 됐습니다. 일의 기준이 높아졌습니다. 득 본 것 맞죠.

한편으로는 내가 잘나서인지 회사가 잘나서인지 구분하지 못하고 다 내 공이라 착각하던 시절이 있었기 때문에 명함발, 소위 말해 스펙에 속거나 자세를 낮추지 않게 됐습니다. 왜 이일을 해야 하는지, 왜 나여야 하는지, 무엇을 다르게 할 수 있는지, 나는 무엇을 중요하게 생각하는지 까탈스럽게 따지며 일하게 됐습니다. '이 일을 하면 당신 경력에 도움이 될 테니'라고 말하는 회사에는 '제 경력은 제가 알아서 하겠습니다'라고 답했고, '돈을 벌게 해줄 테니'라는 연락은 두 번 다시 받지 않았습니다. 이것도 그 회사 덕을 본 것이라면, 인정합니다.

하지만 이 모든 게 꼭 좋은 회사를 다녀야만 얻을 수 있는 건 아니죠. 내가 좋아하는 일을 '일'로 지속하기 위해서는 어떤 스펙, 조건을 갖췄는지가 아니라 일에 대한 나의 기준과 관점을 갖고 있는 것이 더 중요합니다. 앞서 계속 질문하고, 어디에 있든 해야 한다고 강조해왔던 것들이기도 합니다. 내가 잘하는 일, 아무런 제약이 없다면 하고 싶은 일, 덕질, 나를 움직이는 지극히 개인적인 동기 등 나만의 길을 찾아가기 위한 질문에 답하는 과정이 너무 어렵고 막연하게 느껴진다면, 너무 고민하지 말고 단순하게 생각해볼까요. 지금 하고 있는 일을 잘해보기로, 이 길의 끝까지 가보기로 마음먹어보는 것이죠. 그냥 일하는 게 아니라, 견디는 게 아니라, 나를 중심에 두고 끝까지 고민하며 해내는 그 과정에서 나만의 기준을 찾을 수 있으니까요. 흔들리지 않고 해나갈 수 있는 단단한 기준이요.

UX 리서처로 일하며 데이터 분석가로 커리어 전환이나 이직을 고민하던 B는 일 욕심이 많았습니다. 잘하고 싶고, 자신이 하는 분야에서 제대로 깃발을 꽂고 싶다는 열망이 강했어요. 자신이 하고 싶은 것이 있고, 잘해내고 싶다는 마음을 가진 이런 사람을 개인적으로 너무 좋아하지만, B에겐 문제가 있었습니다. 바로 '조바심'이었습니다. 그는 UX 리서치 일이 개발자나 기획자 직무에 비해 수요가 많지 않다는 점, 현재는 고객들을 직접 관찰하거나 FGI(Focus Group Interview)를 하는 정성적 조사 비중이 높지만 이 일에서 전문성을 가지려면 데이터 분석 역량이 있어야 하는데 본인에게 그 역량이 부족하다는 점을 고민하고 있었습니다. 공부하려고 보니 요즘은 UX 리서처보다 데이터 분석가, 개발자 등을 필요로 하고, 이왕 역량을 갖추기 위해 노력해야 한다면 아예 커리어 전환을 하는 편이 더 유리하지 않을지 생각하고 있었죠. 현재 회사에서 '어떻게 하면 이 일을 더 잘할 수 있을지' 고민을 나눌 동료가 부족하다는 것도 그의 불안을 부추겼습니다.

불안과 조바심 속에서도 B는 진심으로 자신의 일을 좋아하고 있다는 것을 느꼈습니다. 데이터 분석가로 커리어 전환을 고민하게 된 건 지금 하는 일을 더 잘하려면 어떻게 해야 할지 방법을 찾다 시작되었고, 실리콘밸리의 UX 리서처들은 어떻게 일하는지도 분석해본 상태였습니다. '아, 저렇게 일하면 되겠다, 저런 역량과 스킬이 필요하구나' 알게 됐지만 본인의 판단이 맞는지 확신이 부족했을 뿐이었습니다.

B에게 현실적인 이야기를 해주었습니다. 어떤 일이든 일의 시작점에서는 아무런 확신도 할 수 없다고요. '이렇게 하다 죽도 밥도 안 되면 어떻게 하지' 불안하고 초조한 마음은 저도 피할 수 없었다고요. 그럼에도 불구하고 이 일을 해보기로 마음먹게 된 이유 중 하나는 정말 하고 싶었다는 것, 한편으로는 자본시장에서 직장인으로서의 일을 '끝까지, 할 만큼 다 해보았다는 것'이 한몫했습니다. 할 수 있는 것은 최대한 해봤다고 생각했기 때문에 무엇을 더 할 수 있을지, 더 하고 싶은지 고민하지 않았습니다. 덕분에 더 이상 뒤돌아보지 않게 된 거죠. 그때 치열하게 일하며 붙은 일 근육이, 지금도 계속 달리게 하는 힘이라고 생각합니다.

이 길을 계속 가는 게 맞을지 모르겠고, 그렇다고 다른 길도 잘 생각나지 않는다면, 지금 하고 있는 일을 잘해보기로 한번 마음먹어보세요. 각자의 길에서 각자의 기준으로 '끝까지' 한번 가보세요. 충분히 잘해주지 못하고 헤어진 연애는 두고두고 미련이 남는 것처럼 일도 마찬가지입니다.

일이 달라져도 일을 잘하기 위한 방법, 원칙 등 달라지지 않는 부분도 있습니다. 코어, 핵심 근육이 탄탄하면 다른 일로 확장하거나 전환해도 잘해낼 수 있어요. 그러다 더 이상 이 길을 걷고 싶지 않다면 다른 길로 가면 됩니다. 스스로 인정할 수 있는 성취를 해본 사람, 끝까지 가본 사람, 일 근육이 쌓인 사람은 다른 길을 가도 잘할 수 있습니다.

끝까지, 할 만큼 다 해보세요.
치열하게 일하며 붙은 일 근육은
더 이상 뒤돌아보지 않고
앞으로 계속 달리게 하는 힘이 됩니다.

전문성이란
'내 일을 내 언어로
정의하는 것'이다

끝까지 가본 일이든 단발적인 경험이든 지금 하고 있는 일이든 나의 전문성으로 쌓아가려면 그 일을 나만의 언어로 정의할 수 있어야 합니다. 이게 곧 일의 고유함이자 창의성이기도 합니다. 노동은 AI가 대체하니 사람은 고유한 일, 창의적인 일을 해야 한다고들 말하는데요. 이를 세상 유일무이한 단 한 가지, 특별한 일을 해야 한다고 쉽게 오해하는 것 같습니다. 마케터, HR, 에디터, 개발자, 디자이너, PM, 엔지니어, 연구원, 재무 등 어떤 회사에나 있는 직무를 하고 있더라도, 그 일을 하는 내가 스스로를 무슨 일을 하는 사람이라 정의하는지가 본질입니다. 아래 질문에 답할 수 있다면 나만의 탁월함과 전문성의 본질에 다가선 셈입니다. 지금까지 앞에서 보았던 수많은 질문도 결국 이를 위한 과정이었고요.

#**Why** 나는 왜 이 일을 하는가

#**What** 무엇을 다르게 할 수 있는가

#**Mind** 나는 어떤 종류의 일에 마음을 쏟는가

#**Market** 시장의 변화를 읽고 있는가

#**Portfolio** 나만의 실력과 영향을 가시화하고 있는가

나의 일을 나만의 언어로 정의할 수 있는 사람은 힘이 있습니다. 쉽게 대체될 수 없어요. 저는 제이피모건에 다니면서 '금융 전문가'라 불리는 게 왜 그렇게 낯뜨거웠는지, 지금 '커리어 전문가'로 불리는 데는 왜 당당할 수 있는지, 그 차이를 자문해보면서 이 네 가지 질문에 답을 찾았습니다.

#Why 나는 왜 이 일을 하는가

금융 자격증은 제법 갖고 있었는데도 그 시절 스스로를 '금융 전문가'라고 생각해본 적 없었던 이유를 돌아보니 '나는 왜 이 일을 하는가'에 답할 수 없더군요. 그때는 "왜 일하긴, 돈 벌려고 하지. 이왕 버는 거 많이 벌고 싶고. 땅 파먹고 살 것 아니잖아?"라고 생각했습니다. 솔직히 말하면 그때까진 이 질문을 스스로에게 해본 적도, 깊이 고민해본 적도 없었습니다. 더 높은 연봉, 빠른 승진만 생각했죠. 저만의 이야기가 아닐 겁니다. 그간 만난 직장인들에게 '왜 일하는지' 물었을 때도 예전의 제가 했던 비슷한 답변을 많이 받았습니다.

돈 벌어야 하니까
입사해서 처음 하게 된 일, 어쩌다 보니 지금까지 하게 돼서
맡은 일에 대한 책임감 때문에

같이 일하는 동료들이 좋아서

내 일에 대한 '애증' 때문에

내 선택이 옳았음을 증명하고 싶어서

생계를 유지해야 하니까

다른 사람보다 내가 더 잘할 수 있기 때문에

열심히 하면 성장할 수 있기 때문에

현실적인 이유에서 좀 더 본질적인 측면으로 한걸음 나아가봅시다. 조금은 다른 답변이 나옵니다.

어두운 곳보다는 밝은 곳을, 어제보다는 내일을 꿈꾸는 일이라서

나의 일을 통해 누구와도 대화를 시작할 수 있는 게 좋아서

나의 '열심'이 전체적인 일에 조금이라도 긍정적인 영향을 미칠 수 있어서

어차피 하는 일, 이왕이면 많은 사람들에게 직접적으로 선한 영향력을 미치고 다양한 경험을 하고 싶어서

누군가의 삶에 기여할 수 있기 때문에

내가 속한 팀이 성장하는 데 최고의 서포터가 되고 싶어서

내가 좋아하는 제품을 통해 사람들에게 친숙하고 좋은 가치를 제공할 수 있는 일을 하고 싶어서

의사 결정이 필요한 사람들에게 객관적인 데이터를 제공해 최선의 결정을 내리는 데 도움을 주고 싶어서

돈을 많이 벌고 적게 벌고를 떠나 왜 그 일을 하는지가 명확하고, 자신만의 가치를 단단하게 추구하는 사람들이 부럽고 멋있지 않나요. 사회에서는 보통 '돈 많은(=많이 번) 사람'을 성공한 사람이라고들 합니다. 물론 돈을 많이 벌면 좋겠죠. 하지만 그다음은요? 자본 시장에서 일하며 돈 많은 자산가 혹은 다른 직장인보다 높은 연봉을 받는 사람을 많이 봤는데 다들 행복한 것은 아니더라고요.

평범한 직장인도, 승승장구하며 돈 많이 버는 직장인도, 이미 많이 벌어 성공한 사람도 부러워하는 사람은 누구일까요. 남들의 부러움을 사며 번듯한 직장을 다니고 있던 그때 제가 가장 부러웠던 사람은 자신이 하는 일을 사랑하고, 좋아하고, 재미있어하는 사람들이었습니다. 자신만의 'Why'를 찾는 게 어렵고, 그 질문이 낯간지러운 것 같기도 하고, 내가 왜 일하는지 생각하지 않아도 출퇴근 길에 오르면 매일의 시간은 똑딱똑딱 잘 가지만, 그렇기 때문에 더욱 가치 있는 게 'Why'이기도 합니다. 그런

이유로 남들은 하지 않고 있으니까요. 남들보다 나만의 실력을 뾰족하게 만들고 싶다면, 전문성을 고민하고 있다면 꼭 한번 생각해봐야 합니다. 나는 왜 일하는지, 나의 일이 누구에게 영향을 미치는지, 어떤 의미를 갖는지요.

#What 무엇을 다르게 할 수 있는가

일 잘하는 법이라고 하면 '태도' 혹은 '스킬'에 대해 이야기할 때가 많습니다. 그것도 틀린 말은 아니지만 그 때문에 일 고민이 더욱 막막하게 느껴지기도 하죠. 태도는 손에 구체적으로 잡히지 않고 스킬은 일단 내 눈에 보이니까 더욱 스펙에 연연하는 경향도 있는 것 같아요. 어느 학교, 어떤 자격증, 영어 점수는 몇 점, 사용할 줄 아는 툴 등 말이죠.

하지만 일 고민과 성장의 핵심은 그런 스킬을 누가 얼마나 많이 갖추느냐는 것이 아닙니다. 직무에 따라 기본적인 역량과 스킬이 필요하겠지만, 이는 누구나 공부만 하면 할 수 있기도 하죠. 꼭 내가 아니더라도요. 이런 스킬들이 내 일에 어떻게 영향을 미칠까, 나는 이 툴로 무엇을 다르게 할 수 있을까, 얼마나 새롭게 적용하고, 남과는 다른 나만의 방식으로 일할 것인지가 더 중요합니다.

꽤 괜찮은 명함을 가지고 있던 시절의 제가 '전문가' 타이틀에 당당하지 못했던 또 다른 이유는, 무엇을 다르게 할 수 없는지 자신 있게 답할 수 없었기 때문이기도 합니다. 나만의 시각과 관점으로 무엇을 다르게 할지 고민하기보다 경쟁에 지지 않으려 남들이 하는 방식을 빨리 따라잡고 더 많이 일했습니다. 경쟁사보다 두세 배 양으로 밀어붙이며 경주마처럼 앞만 보며 달렸습니다.

그러던 어느 날 "앞으로 금융 시장이 어떻게 변할 것 같나요, 시장을 분석하는 자신만의 방식이나 툴로 변화를 예상해보면, 전망이 어떤가요?"라는 질문을 받았습니다. 우물쭈물 제대로 답하지 못하는 자신을 보며 충격받았습니다. 이 일을 10년 이상 하면서 나만의 방식이 없었던 걸까, 이 일을 하는 다른 사람들과 어떤 차별점을 가지고 있지, 해야 할 눈앞의 일들을 해치우느라 좀 더 멀리 보지 못했던 것 아닐까, 그렇다면 이 일에서는 언제든 대체될 수 있는 사람이지 않나, 이런 상태로 이 일을 계속해도 괜찮을지, 생각할수록 충격이 더해졌습니다. 물론 '남들보다 많이' 해본 경험은 도움이 됐습니다. 그렇게 일한 시간들은 일 근육을 더 단단하게 만들었죠. 단, 치열했던 만큼 더 많은 것을 남길 수 있었을 텐데 그러지 못해 아쉽다는 생각이 들더군요.

지금은 남들과 다른 지점을 하나라도 만들려고 애쓰고 있습니다. 처음에는 남들은 어떻게 하고 있는지 많이 탐색하고, 책도, 유튜브 콘텐츠도 닥치는 대로 잡식하다 어느 순간 결국 '다르다는 것'은 일에 대한 나만의 시각과 태도, 강점에서 시작한다는 것을 깨달았습니다. 나만의 고유한 특성, 성향, 취향과 관점, 경험을 해본 사람은 당연하게도 나밖에 없으니 그것이 일에 발현되게 만들면 '다른 것'이 나올 테니까요. 나는 어떤 콘텐츠가 있는 사람이고 무슨 이야기를 하고 싶은지 생각하세요. 남들을 따라 하지 말고, 내 안에 나도 모르는 무엇이 있을지 최대한 많이 꺼내보세요.

'커리어 액셀러레이터'라는 직업명도 '다르게 하고 싶다'는 욕망에서 시작됐습니다. 멘토나 코치, 카운슬러 등의 직업은 이미 흔하게 있었고 '커리어 액셀러레이터'라는 말이 너무 길다, 어렵다는 이야기도 숱하게 들었습니다. 하지만 내 일을 기존 시장에 있던 단어들로 정의할 수 있는지, 기존의 '틀' 안에 속하고 싶은지 생각해보니 그렇지 않더라고요. 아주 솔직하게는 여태까지 회사 다니면서 남들이 하라는 것 열심히 했으니 이제는 좀 내 방식대로 해보고 싶다, 1년만 그렇게 시도해보고 안 되면 다시 고민해보자고 고집을 부렸어요.

와이 콤비네이터(Y combinator)라는 미국의 스타트업 액셀러레이터가 영감이 되기도 했습니다. 그들이 스타트업이나 하나의 조직이 성장하는 데 필요한 액셀을 밟는 일을 한다면, 저는 커리어 사춘기를 겪은 경험을 바탕으로 개인에 초점을 맞춰 자신이 원하는 곳에서 원하는 일을 할 수 있도록, 일에서 무엇이 중요한지 자신만의 기준을 가질 수 있도록 함께 액셀을 밟는 역할을 해보면 어떨까 싶었어요. 이를 점차 확장해 개인과 조직이 함께 성장하기 위한 방법들을 현실적으로 고민하는 사람이 되는 것, 그 지점을 차별화 포인트로 만들고 싶었습니다.

지금 하는 일에 자신만의 관점과 취향, 태도를 반영하며 일하고 있나요. 전문성을 고민하고 있다면, 지금 하는 일을 '원래대로, 늘 해왔던 대로'가 아니라 '나만의 방식과 관점으로 다르게' 할 수 있는 부분부터 찾아보세요. 꾸준히 오래 해온 일이라면, 내가 잘 아는 일이라 가질 수 있는 성숙한 노련미를 반영해보세요. 지금까지 해온 일이 아닌 새로운 일이어도 괜찮습니다. 그 일에 낯선 사람이라서 가질 수 있는 새로운 시각이 있을 테고, 그 관점을 일에 적용하며 쌓아나가면 전문성이 됩니다. '무엇을 다르게 할 수 있는가'는 결국 '얼마나 나답게 일하는가'라는 질문과 연결되는 것 같아요.

'다름'은 아주 작은 것에서부터 시작할 수 있습니다. 얼마 전 흔하디흔한 계약서를 받아보고 다르게 일하는 것, 그렇게 쌓아가는 일 자산과 전문성에 대해 더 생각하게 됐습니다. 계약서, 중요한 것 같으면서 의례적으로 하게 되는 '사소한 일'이기도 하잖아요. 형식과 내용도 대부분 비슷비슷합니다. 갑과 을이 있고, 대체로 갑에 유리한 내용들로 작성되어 있고요. 하지만 A 회사는 그 흔한 계약서에도 그들의 일하는 방식과 관점을 담고 있었습니다. 갑과 을이 등장하기 전 우리는 이 일을 왜 하고 함께하는 파트너를 기본적으로 얼마나 신뢰하며 무엇을 기대하는지 첫 문단에 작성해두었더라고요.

대부분의 사람들이 의례적으로 하는 일을 '다르게' 접근한 서류를 받고 보니 '이 일을 하는 사람은 어떤 마음으로 하고 있을까?' '결국 누가 더 성장할까?' 하고 생각하게 되는 것이죠. 상대방에게 맞는 내용이 들어 있는지, 읽기 편하게 구성되어 있는지 확인하고, 꼭 이렇게 작성되어야 할까, 왜 이럴까 좀 다르게 써볼 수는 없을까 고민하고 실행하는 것들이 결국은 '나만의 다름'을 쌓아 나만의 일하는 방식, 나만의 실력으로 이어지지 않을까요.

한단계 더 나아가는 데 의미를 부여하고 글자 하나하나가 실제 고객에게 닿을 수 있도록 고민하고 또 고민합니다.

- 8년차 홍보담당자

조직 차원의 방향성을 찾고 업의 본질에 대해 지속적으로 고민하는 그 자체. 주변에 열심히, 잘하는 분들이 많아서 다르다고 이야기할 만한가 고민했는데, 이렇게 거시적인 관점에서 접근하는 것이 다른 부분이라고 생각합니다.

- 7년차 UX 기획자

What is design, 디자이너로서 나의 일을 정확히 정의하려고 노력하며 다른 직무를 하는 사람들이 보지 못하는 관점을 가지려 합니다.

- 9년차 디자이너

늘 '조금 더'를 습관적으로 생각합니다. 전보다 조금 더 간단할 수 없을까, 조금 더 편리할 수 없을까, 이런 생각을 계속 하다 보면 아주 작은 부분이지만 예전의 나 자신과 다른 차별화가 생기는 것 같아요.

- 5년차 제품 기획자

위의 답변들은 '무엇을 다르게 하고 있는지' 질문하고 받은 답변입니다. 그동안 당연하게 해왔던 일들을 내 관점으로 조금씩 비틀어보세요. 거창하고 특별할 필요 없습니다. 내가 다루는 업무 하나 하나를 스페셜하게 만들어나가면 돼요. 더 나은 프로세스를 찾아본다거나, 반복되는 업무라면 어떻게 자동화할 수 있을지 생각하며 조금씩 변화를 주면서 나만의 것을 가지려 해보세요. 이 정도는 다른 사람들도 다 하는 거라며 자기 검열하지 말고, 사소하다고 느낄지라도, 나만의 관점과 태도를 발견하고 유지해보세요. 이런 관점과 경험이 쌓인 사람을 우리는 전문가라 부릅니다. 단순히 그 일을 오래 한 사람이 아니라요.

#Mind 나는 어떤 종류의 일에 마음을 쏟는가

'Why'와 'What', 이 일을 왜 하는가와 무엇을 다르게 할지 명확히 답하지 못하는 것은 근본적으로 '내가 이 일을 정말 하고 싶은가?'에 답하지 못했기 때문이기도 합니다. 하고 싶은 일보다는 나를 뽑아주는 곳에서, 좋아하는 일보다는 해야 하는 일들을 해치우며, 치열한 경쟁에서 도태되지 않기 위해 하루하루 살다 보면 '하고 싶은 마음'을 생각할 여유가 없죠. 이 일의 끝에는 무엇이 있는지도, 그것을 내가 원하는지도 확실하지 않고요.

말 나온 김에 이야기해볼까요. 회사를 다니며 표준화된 경로의 사다리를 타고 오르다 보면, 내가 하는 일의 끝에는 승진이 있습니다. 대리, 과장, 차장, 부장, 상무, 전무, 대표가 되겠죠. 요즘은 이 승진 체계도 예전과 달라져 선임, 책임으로만 나눠지기도 하고, 스타트업이나 외국계 등에서는 직급 대신 이름을 부르기도 하죠. 약간의 변화는 있지만 아주 예상 못할 것까지는 아니네요. 하지만 문제는 내가 되고 싶은가예요. 이렇게 일해서 0.1퍼센트쯤의 확률로 이 회사의 대표가 되는 것, 그 일이 정말 내가 바라는 일인가요. 아니라면, 지금 하는 일에는 '내가 하고 싶은 마음'이 얼마나 담겨 있나요? 이 길의 어디까지 가보고 싶나요?

최근 캠핑을 시작했는데요, 어느 날 내비게이션에 캠핑장 이름을 입력하며 그곳까지 얼마나 걸리고 어떤 경로로 가야 좋을까 검색하다 보니 문득 우리가 커리어를 만들어가는 과정이 이와 비슷하다고 생각했습니다. 내비게이션에서 경로를 탐색할 때 출발지와 목적지를 입력하잖아요, 커리어 탐색이 힘든 이유는 내가 어디쯤 있는지, 여기가 어딘지도 모르겠는데 어쨌든 일은 잘해야 하고, 내가 어디에 도착하고 싶은지 '목적지'는 모른 채 어디를 가든 일단 '빨리' 가야 한다고 조급해하기 때문 아닐까요. 출발지와 목적지를 모르는 상황에서 경로를 단축시키는 방법만 이야기하는 세상을 살고 있지 않나 싶기도 합니다. '연봉을 높이고 싶다면 ○○ 스킬이 있어야 합니다' '아직도 ○○○을 모르나요?' '내가 했던 방법만 따라 하면 당신도 ○○○ 될 수 있어요' 등의 이야기가 어찌나 자주 보이는지요. 결제해놓고 듣지도 않는 온라인 클래스는 또 얼마나 많고요. 막상 그 일이 하고 싶은지, 왜 하고 싶은지는 아무도 묻지 않은 채 경로 안내만 계속해서 받고 있는 셈이죠.

그러니 경력, 실력, 전문성 등 모든 게 필요하지만 가장 먼저 내가 하고 싶은 마음이 드는 일이 무엇인지 살펴봐주세요. 나는 어디로 가고 싶은지, 내 경로는 어떤 길이길 바라는지 한번 들여다봐 주세요. 너무 멀리 돌아가지 않도록이요.

#Market 시장의 변화를 읽고 있는가

"취업 사기 당한 느낌이에요." S전자에서 5년차 데이터 분석가로 일하고 있던 A의 첫마디였습니다. 채용할 때 직무 기술서에 적혀 있던 일을 하나도 하지 못하고, 잡일만 하고 있는 기분이라 이대로 1년만 더 지나면 전문성은 하나도 없이 갈 곳도 없을 것 같다고 초조해했습니다. 자신의 실력과 경쟁력이 떨어질까 걱정하며 퇴근 후 매일 두 시간씩 공부하고 자신만의 프로젝트를 진행하고 있었습니다.

시장을 살펴보니 A의 불안을 이해할 수 있었습니다. 그 회사에 계속 있으면 그의 걱정대로 데이터 일에서 전문성을 쌓기는 어려울 것 같았거든요. 그 회사의 비즈니스에서 '데이터'는 핵심이 아니었기 때문입니다. 데이터가 많이 흐르고 있거나 중요하게 생각하는 산업, 이를테면 금융(핀테크), 통신, 유통 시장 등의 회사들의 분석 채용 공고, 직무 기술서를 최대한 많이 보며 시장(Market)의 변화를 읽고, 데이터가 중요한 회사로의 이직을 권했습니다.

전문성을 이야기할 때 빼놓을 수 없는 중요한 것 하나가 나의 일과 관련된 시장의 변화입니다. 시장에서 나의 위치는 어떤지, 시장이 나에게 무얼 원하는지, 시장이 지금 어떻게 변하고 있는지 예민하게 분석하는 과정이 필요합니다.

내가 하는 일에서 '레퍼런스'를 찾아보세요. 사람이어도, 회사여도 좋습니다. 이 분야에서 가장 잘하는 플레이어, 떠오르는 플레이어는 누구인지, 어디인지, 구체적으로 무엇을 잘하고 있는지, 왜 그렇게 생각하는지, 그들과는 다른 나만의 차별화 포인트는 무엇인지 생각해보는 것이죠.

레퍼런스를 물어보면 우리 회사 부장이나 본부장의 이름을 쓰는 사람도 있는데 우리 좀 더 솔직해져 볼까요. 정말 우리 회사의 임원이 나의 레퍼런스라 생각하나요? 아주 솔직히 말하면, 조직 문화가 보수적이고 닫힌 조직일수록 '회사 안의 누군가'가 답변으로 자주 등장합니다. 진심으로 그렇게 생각한다면 괜찮지만, 그래도 가급적 회사 밖에서 좀 더 다양하게 찾아보세요. 예를 들어 콘텐츠를 업으로 삼고 있다면, 콘텐츠를 핵심 비즈니스 모델로 하는 곳들만 살펴볼 것이 아니라 콘텐츠를 잘 활용하는 토스나 우아한형제들, 오늘의집 등을 들여다보면서 어떻게 시장을 움직이는 콘텐츠를 만들어내는지 분석하는 겁니다. 회사 밖 시장에서, 혹은 우리 업계에서 가장 잘하는 사람이 누구이고, 어떤 조직인지 살펴보며 보다 넓은 관점을 갖는 것이죠.

이런 이야기를 하면 많은 사람들이 갑자기 반성을 하거나 생각지도 못한 질문이라고 반응합니다. 바쁘다 바빠 현대 사회니까, 회사 안에서 지금 당장 해야 하는 일을 하느라, 나를 둘러싼 시장이 어떻게 변하고 있는지, 경쟁사에서 나와 같은 일을 하는 사람에게도 관심을 가져본 적이 없다, 우물 안 개구리 같다고요.

회사 밖 세상 돌아가는 일에 관심을 두세요. 회사 사람, 그동안 만나던 친구, 가족 말고 다양한 사람들을 만나볼 필요도 있고요. 그러려면 평소 내가 가지 않던 곳, 가보지 않던 모임에 가볼 필요도 있겠죠.

여기서 중요한 포인트는 단순히 사람 이름이나 회사명을 말하는 것이 아니라 내가 하는 일과 관련해 그들이 무엇을 어떻게 잘하고 있는지 구체적으로 파악해내는 것입니다. 시장에서 잘하는 회사를 찾고, 그 회사의 채용 기술서(Job Description)를 보는 것도 레퍼런스 리서치의 하나가 될 수 있어요. 데이터 분석가라면 핀테크, PO라면 커머스, 콘텐츠 에디터라면 넷플릭스 등 OTT 시장을 중심으로 그 산업에서 1등 플레이어를 먼저 찾고, 이 플레이어들은 내가 하는 직무에서 어떤 역량과 스킬을 요구하는지 채용 공고를 살펴보는 것이죠. 자신의 레퍼런스를 애플이라고 쓴 프로덕트 디자이너가 있었는데요, 애플의 프로덕트 디자이너 채용 공고를 찾아보고 어떤 역량을 요구하는지 좀 더 조사해보라고 조언한 예를 들 수 있겠네요. 일 잘한다고 소문난 회사들의 채용 공고를 구체적으로 들여다보고, 그들이 요구하는 역량과 기술을 내가 갖고 있는지, 현재 하고 있는 일에는 어떻게 적용하면 좋을지, 무엇이 없는지 살펴보세요. 그 회사에 입사하기 위해서가 아니라 시장에서 나의 경쟁력을 확보하기 위해서요.

#Portfolio 나만의 실력과 역량을 가시화하고 있는가

일하는 사람들에게 받는 지극히 현실적인 질문이 '그래서 나의 전문성을 드러내는 포트폴리오는 대체 어떻게 정리해야 하나요'입니다. Why, What, Mind, Market까지 답하기 어려운 질문에 답했는데 그것이 다른 사람에게 잘 드러나지 않으면 그것만큼 억울한 일도 없겠죠.

치열하게 고민한 나만의 답을 담는 포트폴리오를 작성할

때 중요한 것은 두 가지입니다. 첫째, 팩트(Fact)보다 가치(Value), 임팩트(Impact)가 중요합니다. 둘째, 누군가 '너 요즘 무슨 일해?' 라고 질문한다면 무엇이라고 답하고 싶은지 먼저 생각해보고 정리하는 것입니다. 단순 사실을 나열하기보다 그 일을 통해 나는 어떤 가치를 창출했는지에 초점을 맞춰보세요.

우선 그동안 내가 해온 주요 업무를 아래 항목을 따라 정리해보세요. 나에게 가장 의미있다고 생각하는 일 혹은 가장 즐겁게 했던 순서로 적어보는 것을 추천합니다. 아래 항목 외에 자신이 중요하다고 생각하는 기준을 넣어도 좋습니다. 시간 순으로 정리하려고 너무 고민하지는 마세요.

주요 업무명
기획의도(혹은 목표)
과정, 특히 '무엇을 다르게 했는지' 떠올리며 작성해보세요.
결과
가능한 숫자로 디테일하게 씁니다. 단, 절대 부풀리지 마세요. 성공이나 실패 포인트를 정리해도 좋습니다. 흔히 포트폴리오에는 성공한 것, 잘한 것만 써야 한다고 생각하지만, 오히려 '실패'라고 정직하게 쓴 글에 더 눈길이 많이 가는 것도 사실입니다. 모든 일이 다 성공할 수 없고 성공한 일들을 모두 내가 했다고 주장할 수도 없으니, 솔직하게 써주세요. 그 일을 통한 나의 일 자산이 더 중요합니다.

이 일을 통해 배운 점

더 나아지는 나를 위해 정리해두시면 좋습니다. 왜 이 일이 성공했는지, 실패했는지, 무엇이 아쉬웠는지, 나는 그 과정에서 무엇을 배웠는지 등을 기록해보세요.

이 내용들을 담되 처음에는 양식이나 틀에 구애받지 않도록 신경씁니다. 나의 일을 정리하며 나여서 잘할 수 있는 일, 나에게는 당연하지만 다른 사람들에게는 당연하지 않은 일, 다른 사람들이 나에게 자꾸 물어보는 일은 무엇인지 주욱 정리해보세요. 분명히 있을 거예요. 이 정도는 누구나 다 하지 않나 자기검열하지 말고, 다 꺼내보세요. 자유롭게 우선 쓰고, 퇴고의 과정을 거칠 때 'ABCDE'를 기억하세요.

A- Accurately 정확하게

B- Briefly 짧고 간결하게

C- Connecting the dots 해온 일들의 연결 고리를 이으며

D- Detailed 구체적으로

E - Easy 쉬운 표현으로

(출처:《당신은 더 좋은 회사를 다닐 자격이 있다》)

포트폴리오 정리는 분기에 한 번, 적어도 반기에 한 번은 하는 게 좋습니다. 회사에서 반기별로 성과 평가를 할 때 함께 정리하거나, 자신만의 주기를 정해놓아도 좋습니다. 내 일을 쌓아가는, 다루기 쉽고 확실한 무기가 되어줄 것입니다.

내가 나를 알아주는 것,
그것만이 나와 내 삶을 바꿀 수 있습니다.

'변곡점을 지나고 있다'라는 말을 종종 쓰는데요, 그 변곡점을 제대로 들여다본 적 있나요. '굴곡의 방향이 바뀌는 곡선 위의 점'이라고 합니다. 긴 곡선 위의 작은 점이지만, 그 점 하나가 인생을 바꿉니다. 방향과 속도가 달라지니까요. 아래로 향하는 굴곡이 나올 수도, 속도가 느려지는 변곡점도 있겠지만, 사실 우리 모두 하향 곡선을 바라지는 않죠. 상승 곡선이길, 이왕이면 빠른 속도로 정점에 다다르고 싶고요. 그 과정이 나 자신에게 맞는 방향이라면 더 좋고요.

이를 잘 알고 실제로도 변화를 만들려는 사람들이 저를 많이 찾습니다. 고민을 한가득 안고 오지만 그들은 이미 잘하고 있고, 더 잘하려는 의지를 가진 경우가 많습니다. 도움을 청하는 그들을 보며 오히려 배우고 반성할 때가 많아요. 고민이 많은 사람일수록 조직에서 인정받는 핵심 인재이며, 시끌시끌한 조직도 막상 들여다보면 다른 조직이 하지 않는 것을 먼저 도입하고, 시도해보고 있습니다. 모두들 이미 자신 안에 좋은 답을 갖고 있는 거죠.

그런 그들에게 제가 하는 일은, 어쩌면 우리가 동료에게 해야 할 일은 각자의 답을 제대로 꺼내서 마주하게 하는 일입니다. 머뭇거리는 대신 실행할 수 있도록 함께 불씨를 당기는 거죠. 답을 알면서도 피하고 싶은 마음, 어렴풋하고 둥둥 떠다니며 구체화되지 못한 생각, 이런저런 일로 자신에게 집중하지 못하는 상황 등 모호하고 막연한 두려움을 손에 잡힐 듯한 확신으로 바꾸는 데는 질문에 답하는 것만큼 효과적인 게 없습니다. 이 책에서 이야기한 여러 질문들이 그렇고요. 이 질문에 충분히 고민하고 답했거나 시도와 실패가 많을수록 변곡점 이후 상승 곡선의 기울기는 점점 더 가파를 것입니다.

여기서 하나 짚고 갈 것은, 처음부터 자신만의 길을 찾긴 힘드니 고민할 시간에 시도하고 실행해야 한다는 사실입니다. 일을 잘하는, 잘하고 싶은 사람일수록 효율을 추구하고, 삽질을 피하려고 많이 고민하지만, 한 번 더 시도하고 실행하는 것이 더 빨리 답을 찾고, 기울기를 높이는 방법이라는 것을 명심해야 합니다. 변곡점을 지날 땐 모범생보다 모험생이 되어야 해요.

모험생의 신분으로, 최근 변화를 하나 시도했습니다. 디지털 헬스케어 스타트업의 CSO를 맡아 새로운 일을 시작했습니다. 변곡점에 있는 개인과 기업, 성장하려는 사람들을 많이 만나는 만큼 성장과 변화에 대해 이야기하려면 저 자신도 성장의 기울기를 높이는 변화가 필요하다고 생각했기 때문입니다. 변화의 중심에 있어야 진짜 일을 말할 수 있을 테니까요. 이 소식을 들은 주변 사람들의 반응은 다양한데, 커리어 액셀러레이터라는 기존의 일에 CSO의 일이 더해졌음에도 일에 잠식되지도 않는 모습을 제일 신기해합니다. 자유로우면서도 소속감을 가지고 일하려면 과정과 결과에 어느 정도의 임팩트를 줘야 하는지, 회사와 어떤 시너지를 내려고 하는지 궁금해하는 사람도 많았습니다. 좀 더 유연하게 일하니 개인도 조직도 좋겠다는 이야기를 듣기도 했고요.

사실 두 일의 결은 크게 다르지 않습니다. 문제를 제대로 정의하고 해결해야만 살아남을 수 있다는 사실은 혼자 일할 때나, 함께 일할 때나 다르지 않으니까요. 다만 나 혼자 하는 게 아니라 함께 일하는 것이니 우리를 더 많이 생각하게 됩니다. 우리 조직 안에서 나는, 우리 팀은 왜 이것을 해야 하는지, 우리만의 강점은 무엇인지, 어떤 서비스를 만들고 고객에게 다르게 다가가는 법은 무엇일지 고민합니다. 함께 일할수록 개인과 더 많이 대화해야 한다고 실감하고 있고요. 조직 구성원들은 당장 해야 하는 일에 물음표가 있을 때, 불확실함 속에서 나아가면서도 불안할 때, 무엇이 기회이고 위기인지 판단해야 할 때 등 각기 다른 시간을 지나고 있기 때문입니다.

조금씩 그 시기가 다를 뿐 모두 지나야 하는 시간이라고도 생각합니다. 변화무쌍한 정글에서 살아남기 위해서 우린 모두 일당백 하는 사람이 되어야 할 테니까요. 한 사람이 백 사람의 일을 해내라는 게 아니라 백 사람의 용기를 갖고 행동해야 한다는 말입니다. 개개인이 무엇을 고민하고, 무엇을 잘하고, 각기 달라 보이는 일들이 하나의 방향을 향해 나아갈 수 있도록 용기 내야 합니다. 개인뿐만 아니라 조직도요. 개인은 일당백 하는 동료들과 함께 일하고 싶어 할 테고, 조직도 그런 환경을 만들고 나아가기 위해 새로운 도전, 변화를 게을리해서는 안 되겠죠. 각자가, 조직이 무엇을 잘하고 일에 대해 어떤 기준과 관점을 갖고 있는지 뾰족하게 다듬어야 하는 이유이기도 하고요.

모험생으로서 조직 안팎을 오가며, 그 안팎의 개인들을 살피며 일하니 일에 대한 기준이 더 뾰족해졌습니다. 두 가지 일을 하느라 힘들겠다는 세간의 예상과는 달리 집중적으로, 또 효율적으로 일하다 보니 자연스레 일에 대한 기준이 높아졌달까요. 두 일을 다 잘해내고 싶고, 잘 되어야 하는 일이기도 하니 시간을 더 촘촘히 씁니다. 그럼에도 지치거나 일에 잠식 당하는 대신 내가 일, 환경, 방법을 선택하고 해낼 수 있다는 믿음이 커지고 있습니다. 누군가에 의한, 누군가를 위한 일을 하는 것이 아니기 때문에 가능한 믿음이라고 생각합니다.

새삼스럽습니다. 다시는 이 일을 하고 싶지 않고 오로지 놀고먹고 싶다는 마음으로 회사를 나온 것이 8년 전의 일입니다. 정동길에 고즈넉하게 있던 회사에 출퇴근하느라 매일 덕수궁 돌담길을 걸었지만 그때는 그 길이 아름답다고 느끼지 못했습니다. 덕수궁 돌담길보다 더 아름다운 길이었어도 그랬을 거라고, 공감하지 않나요. 출퇴근 길은 으레 여유롭게 걷기보다는 종종걸음으로 빠르게 왔다 갔다 하는 길이니까요. 지금도 출퇴근 길은 바쁘기 마련이고 여유롭게 걷기는 힘들지만 계절감 정도는 느낄 수 있게 된 것 같네요.

퇴사, 이직 그리고 일 종류나 성격이 사람을, 인생을 변화시킨다고는 생각하지 않습니다. 삶에서 일이 많은 시간을, 큰 비중을 차지하지만 그만둔다고 해서 큰일 나지 않습니다. 못해낸다고 해서 이번 생이 망한 것도 아니고요. 잘해내라고 자책하고 채찍질할 필요도 없고요. 로봇이 아니니까 계속 잘할 수 없는 게 일이라고도 생각합니다. 그러니 이렇게 일하는 나도, 정체되어 있는 것 같다고 일 고민을 하는 나도, 그래서 이 책을 집어 든 나도, 내가 나를 알아주세요.

내가 나를 알아주는 것, 그것이 나와 내 삶을 바꿀 수 있습니다. 내가 진짜 원하는 것이 무엇인지, 나는 어떻게 사는 게 행복한지, 내가 포기할 수 있는 것 혹은 포기할 수 없는 것은 무엇인지, 꼭 주도권을 갖고 싶은 것은 무엇인지 등 나 자신의 원칙과 기준을 바라봐야 합니다. 일, 일터 또한 그중 하나입니다. 나의 일을 어떻게 정의하며 자기만의 트랙을 만들어가고 싶은지, 어떤 환경에서 물 만난 고기처럼 신나게 일할 수 있는지, 나의 '열심'이 헛되지 않는 전략적이고 주도적인 방법은 무엇인지 등 나 자신의 원칙과 기준으로 일을 바라보세요. 타인에 의해 정해진 룰을 착실히 따르는 것이 아니라요. 버티는 것도, 움직이는 것도 다 스스로의 선택이어야 합니다. 그 과정에서 수많은 '그럼에도 불구하고'를 지나게 될 테지만, 그럼에도 불구하고 자기만의 트랙을 걷는 당신을 응원합니다.